지중해에서 중세 유럽을 만나다

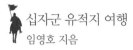

십자군 유적지 여행
임영호 지음

지중해에서
중세 유럽을
만나다

여행자의 시선 01

지중해에서 중세 유럽을 만나다
십자군 유적지 여행

지은이 임영호
펴낸이 이리라

책임 편집 이여진
편집 하이픈
사진 임영호
표지 디자인 엄혜리

2022년 6월 20일 1판 1쇄 펴냄

펴낸곳 컬처룩
등록번호 제2011 – 000149호
주소 03993 서울시 마포구 동교로 27길 12 씨티빌딩 302호
전화 02.322.7019 | 팩스 070.8257.7019 | culturelook@daum.net
www.culturelook.net

culturelook

차례

유럽 여행에 갓 뛰어들어 재미를 붙이던 무렵의 일이다. 이
탈리아 베네치아 운하의 배 위에서 한국인 배낭 여행족들과
마주쳤다. 그 무렵에만 해도 한국인 여행자끼리는 여행지에
서 만나면 으레 인사를 건네곤 했다. 의례적으로 유럽 여행
이 어땠느냐고 묻자, 뜻밖의 대답이 돌아왔다. 처음에는 모
든 게 신기하고 멋있었는데, 이제는 어느 도시의 성당이나
성, 박물관이든 너무 비슷해 마치 숙제하는 기분처럼 시들
해졌다는 것이다. 여행 초짜답게 너무나 솔직한 심정 고백
에 당혹스러우면서도 공감이 갔다.

　유럽 어느 도시를 가든 교회와 성채는 가장 유럽다운 분
위기를 연출하는 장소다. 건설될 당시에야 살벌한 전쟁과 종
교적 억압의 상징이었겠지만, 지금은 방문하는 여행자마다
유럽식 낭만의 상징이라며 감탄한다. 오랫동안 유럽을 여행
하고 나서는 종교와 전쟁이야말로 유럽을 이해하는 핵심 키

워드라는 생각을 더욱 굳히게 됐다. 특히 기독교는 유럽인의 사고에 큰 영향을 미쳤을 뿐만 아니라 유럽 각국의 권력 부침사와도 밀접하게 얽혀 있다. 자세한 사정을 모르는 여행자가 멋지고 낭만적이라 여기는 성채나 교회 건물마다 종교와 전쟁이라는 피비린내와 어두운 사연이 깊게 배어 있다. 이 사연들을 이해하려면 유럽 역사에 관해 조금 더 깊이 있는 지적 노동을 투입해야 한다. 물론 아무런 사전 지식과 편견 없이 경험하는 여행도 나름대로 의미가 있겠지만, 아는 만큼 여행의 경험은 풍부해진다.

2003년 영국을 시작으로 유럽 여행에 발을 디딘 순간, 나는 고풍스러운 유럽 중세의 흔적에 매료되었다. 특히 십자군 운동은 가장 중세다운 요소를 압축한 사건으로 나의 상상력을 자극했다. 그래서 십자군 운동과 관련된 여러 지역을 엮어서 답사를 해 보기로 했다. 2011년 여름 그리스 로도스와 터키 보드룸을 시작으로 이 계획을 실행에 옮기기 시작했다. 중세의 고성과 시가지가 통째로 시간을 건너뛴 채 남아 있는 로도스의 모습을 처음 만났을 때의 감동은 지금도 잊을 수 없다.

원래는 이 무렵 이스라엘부터 시작할 계획이었으나 돌발적인 상황 때문에 무려 네 차례나 무산되는 바람에 실제 답사는 8년이 지난 2019년에 와서야 성사됐다. 그동안 사정이 닿는 대로 몰타(2014), 요르단(2018) 등을 차례로 여행했다. 이 책은 기본적으로 십자군 기사단 중에서도 요한 구호 기사단 이야기를 중심으로 엮었지만, 튜턴 기사단과 관련된 유적지도 여러 군데 가 보았다. 가장 인상적인 곳은 십자군 원정이 끝난 후 기사단이 북폴란드 말보르크의 본거지에 쌓은 웅장한 마리엔부르크성이었다. 그 외에도 이들의 자취와 사연이 남은 루마니아의 브라쇼브(2015), 그단스크(2017), 발트 3국(2016) 등도 흥미로웠으나 이 책에 담지는 못했다.

가장 중세 유럽다운 흥미로운 주제인 십자군은 1095년 가톨릭교회 수장인 교황의 주창으로 시작되어 약 200년 동안 이어진 성지 회복 운동이다. 하지만 세속적 측면에서는 유럽의 왕족과 귀족, 평민에 이르기까지 광범위한 계층이 참전해 이교도이자 이국적 문명의 국가와 벌인 장기간의 정복전이었다. 이 운동은 종교와 전쟁이 만나 다채로운 이야기를 낳았다는 점에서 중세 유럽의 시대적 분위기를 잘 보여 주는 사건이다. 종교의 이름으로 국적과 무관하게 군대가 조직되어 먼 팔레스타인 땅까지 원정이 단행되고 많은 사람이 기꺼이 목숨을 바쳤다. 특히 기사단은 오직 가톨릭교회의 권위하에 결성된 다국적 조직으로 평생을 독신으로 살면서 순례자 보호와 성지 수호에 몸 바쳤다는 점에서 중세적 세계관을 잘 구현한 집단이었다.

십자군이라는 명분하에 초국가적 원정이 가능했던 것은 중세에는 기독교 세계가 곧 유럽이었기 때문이다. 오늘날에는 유럽인이 모두 기독교인도 아니고, 기독교가 유럽의 전유물도 아니다. 나는 첫 유럽 여행에서 허물어진 수많은 교회건물과 신자가 사라진 미사 장면에 충격을 받은 적이 있다. 그러나 교회를 다니든 다니지 않든 기독교는 유럽인의 사고나 문화에 여전히 깊숙이 배어 있다. 중세 시절에 비해 유럽은 몰라볼 정도로 세속화했지만 반이슬람과 타 문명에 대한편견과 적대가 때로는 실제 전쟁으로 이어지는 사례가 과연수백 년 전인 중세 시절만의 일일까? 스스로를 돌이켜보아도유럽 문명과 여행에 대한 동경은 다른 비유럽 세계에 대한부정적 시각과 동전의 양면과 같다. 그래서 나는 이 여행이단지 과거에 대한 호기심 어린 구경이 아니라 현재 세계에 대한 성찰이기도 하다고 믿는다.

이 책은 유럽과 여러 주변 지역을 여행한 기억 중에서 십자군을 주제로 엮은 일종의 '역사문화 기행서'다. 여행은 어떤 장소를 잠시 거쳐 가는 주관적 경험이다. 하지만 적어도글로 남기려면 공유할 만한 무엇인가가 있어야 한다. '멋있었다,' '맛있었다,' '재미있었다,' '친절했다' 식으로만 압축되는개인 경험에 제3자가 공감할 수는 없는 노릇이다. 순전히 개인적인 호기심과 취향에 의한 선택이긴 하지만 아마 다른 여행자에게도 조금은 흥미로운 경험 공유가 될지도 모른다는생각에서 책으로 엮었다. 역사적 유적지는 희미하게 남은 과거의 흔적과 기억만으로도 감동을 준다. 그렇지만 유적에 남은 사연을 잘 알수록 상상력도 경험의 깊이도 배가된다. 여행은 특정 장소에 대한 개인적 경험과 느낌, 사전 지식, 그리고 약간의 우연이 함께 어우러져 빚어낸 독특한 이야기다. 더구나 똑같은 지역이라 해도 여행을 경험하는 방식에는 다양한 선택이 존재한다. 여행의 방식이 다양해질수록 우리의 경험도 더 풍부해질 수 있다고 믿기에 나의 경험을 글로 남기기로 했다. 부족한 원고를 멋진 책으로 다듬어 준 컬처룩 편집진에게 감사드린다.

2022년

영원한 여행자를 꿈꾸며

일러두기

- 한글 전용을 원칙으로 하되, 필요한 경우 원어나 한자를 병기하였다.

- 한글 맞춤법은 '한글 맞춤법' 및 '표준어 규정'(1988), '표준어 모음'(1990)을 적용하였다.

- 외국의 인명, 지명 등은 국립국어원의 외래어 표기법을 따랐으며, 관례로 굳어진 경우는 예외를 두었다.

- 사용된 기호는 다음과 같다.

  영화 제목, 신문 및 잡지 등 정기 간행물 등: ⟨ ⟩

  책(단행본): 《 》

- 이 책에 실린 사진은 저자가 여행지에서 직접 촬영한 것이다.

성지 순례와 관광지

✝

요르단

1

아즐룬 성벽 위에 서면 주변 경관이 한눈에 내려다보인다.

카르도는 제라시를 관통하는 중심 도로다.
양축으로는 포장된 인도가 나 있고 도로
한가운데 지하에는 하수구가 있다.

기독교의 '성지'라 불리는 곳을 다니다 보면 '성지순례단'을 종종 마주친다. 특히 중동 땅은 이슬람의 본거지이면서도 어딜 가든 기독교의 성지라 할 만한 곳이 산재해 있다. 많은 기독교인이 기독교의 기원과 이력이 배어 있는 유적을 직접 방문해 그 장소에 서 보고 싶어 한다. 모든 여행자가 오로지 순수한 종교적 믿음의 동기만으로 그 먼 곳을 다니는지는 알 수 없다. 성지 순례 자체도 훌륭한 여행 테마가 될 수 있으니 이들을 관광객이라 해도 무방하다. 성지 순례와 관광 사이의 경계는 모호하다.

중세 유럽은 기독교 시대였던 만큼 성지 순례는 기독교인의 평생 꿈이었다. 팔레스타인 전역에 남아 있는 수도원 흔적이나 기록을 보면 초기 기독교 시절부터 많은 성직자와 신도가 멀고 험난한 순례길에 나섰고, 아예 현지에 정착한 수도사도 적지 않다. 정보도 부족하고, 교통도 치안도 불안하던 시절이니만큼 당시의 성지 순례는 오늘날처럼 낭만적 테마 여행이 아니라 목숨을 내건 모험에 더 가까웠다.

팔레스타인 땅을 지배하던 기독교 국가 비잔틴 제국이 쇠

퇴하고 무슬림 세력이 강해지면서 성지 순례는 더욱 어려워졌다. 이교도에 대한 적대뿐 아니라 무장 강도의 습격 등 순례자를 위협하는 요인은 갈수록 늘어났다. 고대 제국의 지배 질서가 사라진 후 지중해는 중세 내내 해적이 창궐하는 죽음의 바다였다. 아랍 세계에서 10세기 말 알하킴 술탄 대에 이르면 이슬람 근본주의가 득세하면서 비이슬람 시설 파괴, 이교도 처단 등이 도처에서 행해져 성지 순례는 사실상 불가능한 수준에 이르렀다. 1095년 로마 교황이 십자군 원정을 선언하게 된 계기이자 명분이 바로 예루살렘의 성묘 교회Church of the Holy Sepulchre 등 성지 수복과 순례자 보호였을 정도다.

십자군 원정의 결과 세워진 예루살렘 왕국(1099~1291) 시절은 물론이고, 현지의 기독교 국가가 완전히 사라진 후에도 성지 순례는 이어졌다. 한편으로는 유럽인의 종교적 열망과, 다른 한편으로는 무슬림 왕조 측에서도 순례자에게서 세금 형태로 거두어들이는 경제적 이익이 서로 맞아 묵시적 합의를 이룬 덕분이다. 특히 이탈리아 도시 국가 베네치아는 성지 순례를 체계적인 단체 관광 사업으로 발전시켰다. 지금의 이스라엘 땅이 가장 주된 행선지이지만, 이웃의 요르단 지역 역시 주요 성지 순례 장소였다. 이 단체 관광의 전통은 지금도 중동 땅 기독교 성지에서 꾸준히 이어지고 있다. 지금은 성지라 불리는 기독교 유적마다 동양인의 단체 순례객도 쉽게 만날 수 있다.

서구인의 관점에서 보더라도 요르단은 기독교의 성지라는 점 외에도 유럽의 역사와 중첩되는 부분이 많다. 유럽에 관심 있는 사람이라면 요르단에서 다양한 유럽 문명의 자취를 느낄 수 있다. 요르단은 이슬람 국가이지만 세속적으로는 로마 등 고대 유럽 제국 시절의 흔적이 강하게 남아 있는 곳이다. 이곳에는 중세 성지 순례자와 십자군 시절의 흔적도 남아 있다. 오늘날에도 요르단에서는 여행의 목적을 어디에 두는지에 따라 성지 순례뿐 아니라 다채로운 경험을 하게 된다.

또 다른 성지 요르단

중동 지역의 기독교 성지는 크게 보면 요르단강을 경계로 동서로 나누어져 있다. 이번 여행은 주로 동쪽의 성지를 답사하는 셈이다. 그렇지만 성지 관련 방문지 중에서는 처음 여행을 구상했을 때는 잘 몰랐다가 준비 과정에서 발견하게 된 곳도 적지 않았다.

원래 요르단은 이스라엘로 들어가는 중간 경유지 정도로 구상했다. 애초에는 터키의 이스탄불을 경유해 요르단의 수도 암만으로 들어가 요르단강 동쪽의 유적을 답사하고 예루살렘으로 입성한다는 계획을 세웠다. 요르단은 중동 국가 중에서는 그나마 이스라엘과 우호 관계를 유지하는 몇 안 되는 나라여서 국경을 넘기가 수월하다. 암만에서 예루살렘은 버스로 두 시간 정도의 거리니 지척이나 다름없다. 영화 〈인디아나 존스*Indiana Jones*〉 시리즈에서 본 페트라Petra를 가보고 싶기도 했다.

그런데 2018년 초 출국을 앞두고 불길한 외신이 쏟아져 나왔다. 미국 트럼프 행정부가 대사관을 텔아비브에서 예루살렘으로 이전하기로 했다고 발표하면서, 팔레스타인 전역에 항의 시위가 벌어졌다. 화염병과 폭력이 난무하는 장면이 외신으로 뜨고 각국 외교부가 여행 경보를 발령하는 식의 긴장이 이어졌다. 외신 보도, 특히 중동 뉴스가 왜곡과 과장이 심하기로 악명이 높긴 하지만, 그래도 안전한 경로를 택하기로 했다. 이 난리 중에 예루살렘을 방문하기도 신경이 쓰여 요르단에서 이스라엘 대신 이집트로 넘어가는 일정으로 바꿨다. 여행 계획을 세울 때는 정작 내가 체감하는 위험보다는 타인의 시선이 결정을 방해할 때가 적지 않다.

마침내 기회가 왔다. 저가 항공 허브인 이스탄불 사비나 곡첸 공항에서 이륙한 비행기는 앙카라에 잠시 기착했다. 여기서 비행기를 갈아타고 다시 암만으로 날아간다. 명색이 터키의 수도인 만큼 앙카라 공항 터미널은 현대적이고 깨끗했지만, 승객이 많지 않아 너무 조용했다. 주변 승객들의 얼굴이나 옷차림부터 달라지기 시작했다. 턱수염을 기른 아랍식 복장의 남성과 히잡 차림의 여성이 심심치 않게 눈에 띄었다. 보안 구역인데도 모든 승객이 다시 한번 보안 검색대를 거쳐

야 했다. 이제 본격적으로 낯선 중동 땅에 들어왔다는 사실이 피부로 느껴졌다. 십자군 시대가 끝난 지 800년이 지났지만 중동은 테러와 전쟁, 여러 가지 돌발 상황으로 여전히 늘 조바심을 내야만 하는 방문지다. 앙카라에서 다시 이륙한 비행기는 두 시간 정도 황량한 사막 위를 날았다. 저 아래 황톳빛 지형 사이로 사해가 잠깐 보였다. 암만 공항 착륙을 알리는 기내 방송 소리에 창밖을 내다보니 구름 밑으로 메마른 사막 위의 도시 모습이 서서히 다가온다.

입국 수속을 마치고 공항 청사 바깥으로 나오니 숙소에서 마중 나온 기사가 내 이름을 적은 종이를 들고 서 있다. 대개 이렇게 쑥스럽게 입국하지는 않는데, 여기서는 대중교통이 불편해 선택의 여지가 별로 없었다. 이국적인 건물을 기대했으나, 공항 청사는 싱겁게도 외관부터 매우 모던한 새 건축물이었다. 요르단 5대 왕비의 이름을 따서 퀸 알리아 국제공항으로 불리며, 프랑스 건축가가 설계한 건물이라고 한다. 기사가 몰고 온 차도 갓 출고해 포장 비닐도 뜯지 않은 한국산이었다.

암만 시내로 들어가는 도로 주변은 황량함 그 자체였다. 나무 한 그루도 없이 사막 지역 특유의 메마른 벌판과 돌산이 이어졌다. 하늘조차 잔뜩 찌푸린 겨울의 사막은 삭막했다. 얼마 후 시내로 들어선 듯 차량이 많아지고 큰 건물이 보이기 시작했다. 창밖을 내다보니 건물이 온통 연한 사암 색깔로 되어 있었다. 암만시 정부가 건축물 외벽 색을 규제해 비

숫한 색깔로 통일했다고 한다. 그래서 암만을 백색 도시white city라고 부른다나. 하지만 물이 귀한 곳이라 녹색을 보기 힘들다 보니 사막의 도시는 황량하기만 했다.

숙소는 제트JETT 버스 터미널 바로 옆에 있었다. 이 터미널에서 예루살렘으로 가는 버스나, 고대 유적 페트라로 가는 직행버스를 탈 수 있다. 넉넉한 풍채에 콧수염이 있는 마음씨 좋아 보이는 중년의 주인장이 반갑게 맞아 준다. 리셉션 라운지 벽에는 큼지막한 요르단 국기와 국왕 사진이 걸려 있다.

잠자리가 바뀐 탓인지 새벽에 눈이 떠져 계속 뒤척거렸다. 그래도 한밤중에 이슬람 사원인 모스크의 아잔 소리에 놀라 잠을 깨지는 않았다. (아잔은 이슬람에서 기도 시간을 알리는 외침을 말한다. 무아딘이라는 아잔 전담자가 매일 기도 시간을 알리기 위해 모스크 첨탑(미나렛)에 올라가 음악적 운율을 붙인 기도문을 낭송한다.) 덕분에 이른 시간에 일어나 거의 일착으로 아침 식사를 했다. 빵과 치즈, 올리브 따위가 차려져 있고, 병아리콩을 갈아서 만든 후무스라는 이 지역 음식도 있었다. 아침 식사 장소인 라운지에는 테이블마다 재떨이가 놓여 있었고, 희미하게 담배 냄새가 났다. 아직 공공장소에서 흡연이 허용되는 것 같다. 오래전 일본 하네다 공항을 경유할 때 터미널 전체가 담배 냄새로 가득했던 기억이 났다. 공공장소에 찌든 담배 냄새에서 해방된 지는 사실 우리도 얼마 되지 않았다. 음식은 전체적으로 짰는데, 올리브는 견딜 수 없을 정도였다.

머무는 동안 내내 아침상에 과일이 보이지 않았다. 나중에 알게 된 것이지만 과일이 귀한 탓이란다. 그나마 생산되는 과일은 정부가 매입해서 모두 인근 지역에 수출하는 모양이다. 요르단은 중동 사막 국가 중에선 이례적으로 석유가 나지 않는다. 건국 과정에서 국경을 확정할 때 내륙을 대거 양보하고 그 대신 홍해로 나가는 항구를 얻었는데, 하필 포기한 땅에서 석유가 쏟아져 나왔다고 한다. 그래서 요르단은 중동 아랍 국가 중에서는 드물게 일찍부터 실용적 노선을 취해 서방이나 이스라엘과도 교류했고, 병원이나 대학 등 인적 자원에 의존하는 업종이 발달했다. 요르단은 중동 지역에서 의료 관광의 중심지라 가는 곳마다 병원이 많이 보였다. 요르단이 중동 국가 중에서 유독 종교적 색채가 약하고 서구화된 데는 경제적 이유가 컸던 것 같다.

이국적인 땅 암만에서 만난 사람들 역시 서구 대도시의 중산층처럼 일상적이고 소소한 삶의 문제로 고민한다는 사실은 당연하면서도 신선한 발견이었다. 따지고 보면 중세 시절 거룩한 전쟁을 표방하고 십자군 원정에 나선 사람들도 세속적 욕망은 강했다. 작위 계승 서열에서 밀려난 귀족 자제는 미지의 세계에서 영지와 명예를 얻고자 했고, 이탈리아 상인은 상업적 이해관계를 놓고 주판을 튕기면서 이익만 남는다면 십자군이나 아랍 세력 가리지 않고 거래했다. 하물며 세속의 시대인 21세기에는 더 말할 필요도 없다.

뜻밖의 발견, 암만

솔직히 암만은 이번 여정에서 크게 기대를 하지 않았다. 항공권 발권 당시만 해도 요르단에서 암만은 예루살렘으로 들어가기 전에 페트라를 다녀오기 위한 거점 정도로 가볍게 생각해 별다른 계획도 세워 두지 않았다. 굳이 지목하자면 딱 한 곳, 로마의 열주 광장으로 유명한 제라시 정도가 희망 사항에 들어 있었다. 하지만 사전 조사를 하면서 이슬람의 땅인 여기에도 로마 시대 유적뿐 아니라 성서에 나오는 유서 깊은 장소와 순례자의 흔적도 많이 남아 있다는 사실을 깨달았다.

암만은 구약성서에도 이름이 언급된다. 유대의 다윗왕이 라바스라는 도시를 포위하고 주민을 산채로 불태웠다고 나오는데, 라바스가 바로 현재의 암만이다. 이집트 프톨레마이오스 왕조 시기에는 필라델피우스왕의 이름을 따서 필라델피아라 불리기 시작했다. (프톨레마이오스 왕조는 알렉산더 대왕의 부하 장군인 프톨레마이오스가 세웠고, 클레오파트라가 이 왕조의 마지막 왕이다.) 로마 제국 시대에는 지금의 시리아와 팔레스타인에 해당하는 레반트 지역에서 다마스쿠스, 제라시를 비롯한 10개 주요 도시(데카폴리스) 중 하나로 번영을 누렸다.

그러나 10세기 이후에 이르러 암만은 사실상 역사에서 이름이 사라진다. 1900년경에는 주민이 2,000명 정도에 불과

∧ 암만 구도심에는 로마 시대의 유적이 많이 남아 있다. 언덕 위 요새 자리에 서면 아래 시가지에 원형 경기장과 낡은 주택들이 보인다.

한 작은 마을 수준으로 쪼그라들었다. 그래서 암만에 들어서면 그냥 20세기에 무질서하게 급조된 사막 도시라는 인상을 받는 것도 무리가 아니다. 하지만 도시의 동쪽 지역에는 조금만 눈여겨보면 오랜 역사 도시의 흔적이 짙게 남아 있다. 도시를 굽어보는 요새 아래 원형 경기장과 포룸, 헤라클레스 신전 등 전형적인 로마 도시의 면모를 쉽게 발견할 수 있다. 십자군 시절에는 한때 예루살렘 왕국의 영토이기도 했다.

　도착한 이튿날부터 주변 답사에 나섰다. 암만에서 교통수단은 선택의 여지가 별로 없다. 서유럽에서처럼 그룹 투어가 활성화하지도 않았고 시간 맞춰 대중교통으로 다니기도 쉽지 않다. 시간의 효율성 문제도 있고 해서 결국 차를 빌리기로 했다. 전날 저녁에 예약해 둔 차량 투어 기사가 도착했다. 그런데 공항에 마중 나온 바로 그 사람이었다. 서로 반갑게 인사하면서 잠시 호들갑을 떨었다. 기사는 자신을 무네르라고 소개했다. 결국 요르단을 떠나는 날까지 그의 신세를 지게 되었다.

중동 땅 사막의 1월은 춥고 수시로 비바람까지 몰아쳤다. 밖을 보니 찌푸린 하늘과 빗줄기가 예사롭지 않았다. 비 내리는 사막은 상상이 잘 되지 않지만 그 때문에 특히 더 을씨년스럽다. 원래는 사해와 베다니 지역을 방문하기로 했으나 날씨를 감안해 그 대신 제라시와 아즐룬Ajlun 성채에 가 보기로 했다. 차창 밖으로 내리는 비를 보면서 차는 한참을 북으로 향해 달렸다. 무네르는 이 지역의 고대 왕국에 관한 이야기, 요르단의 경제 상황, 왕가의 에피소드 등 이런저런 이야기를 차분하게 들려주었다.

아즐룬은 십자군 시절 팔레스타인과 시리아 등지에 들어선 수많은 성채 중 하나다. 애초에 아랍인에게는 전쟁에서도 방어용 성을 쌓는 관습이 없었다고 한다. 반면 유럽인은 가는 곳마다 높은 언덕이나 바닷가 벼랑에 성을 쌓았고, 십자군이 원정을 벌인 팔레스타인 지역에서도 예외는 아니었다. 십자군은 유럽에서의 원군을 기대하기 힘들어 적은 숫자의 병력으로 전투를 치르고 탈취한 지역도 방어해야 했다. 이 때문에 십자군에게 축성은 군사 전략으로서도 합리적인 선택이었다.

그러한 연유로 이 지역에는 곳곳에 성채의 흔적이 남아 있다. 십자군 원정 시절 동서로는 아코나 카이사레아 등의 해안 도시 지역부터 요르단강 건너편에 이르기까지, 남북으로는 지금의 터키 남부에서 홍해 연변의 아카바에 이르기까지 요소요소에 수많은 성을 쌓았고, 이 중 140여 군데의 흔적이 남아 있다. 주로 성전 기사단이나 성 요한 구호 기사단이 이 지역에서 성채 구축과 방어를 책임졌다. 암만에서 남쪽 관광 명소인 페트라로 가는 이른바 '왕의 도로' 길가에도 군데군데 성터가 남아 있다. 이 중 상당수는 무너져 내려 돌무더기 수준으로 전락했지만, 늘 전시 상태로 살았던 당시 분위기를 짐작하게 해 준다. 아즐룬성은 복원을 거쳐 그나마 온전한 모습을 갖추고 있다. 아마 승자인 이슬람 왕조의 유적이기 때문이 아닐까 하고 추측해 본다.

십자군이 쌓은 많은 성채 중에서도 압권은 성 요한 구호 기사단이 지금의 시리아 영토 내에 건설한 카락 데 슈발리어 성이다. 이 주변의 성들을 빼놓고 십자군의 흔적을 이야기한다는 것은 말도 안 되지만, 이 역사적인 성채 중 상당수는 지금은 가려야 갈 수도 없는 시리아나 레바논 위험 지구에 있다. 불과 10여 년 전에만 해도 배낭여행자들이 터키에서 버스를 타고 자유롭게 국경을 넘던 곳이었다. 언제든 그런 날이 다시 오기만을 바랄 뿐이다.

아즐룬성은 이 지역에서 유일하게 아랍 측에서 쌓은 이

∧ 아즐룬 성채의 외벽. 아즐룬 성채는 언덕 정상에 건설했고 해자를 건너는 다리를
통해 성안으로 들어가게 되어 있다.

슬람식의 성채다. 원래 이 산 정상에는 비잔틴 수도사들이 은
거하던 수도원이 있었다. 십자군 전쟁이 한창이던 1184년과
1188년 사이에 살라딘 술탄 휘하의 장군이자 조카인 이즈 알
딘 우사마Izz al-Din Usama가 여기에 성을 쌓았다. 이 성은 해
발 1,250미터 높이의 산 정상에서 요르단 계곡이 세 개의 계
곡과 만나는 지점을 굽어보는 위치에 있어 당시에는 매우 중
요한 전략적 요충지였다. 이 성은 요르단 계곡 맞은편 갈릴
리 바다(지금 이스라엘 쪽의 호수변 도시가 티베리우스다) 주변에서 십
자군이 차지하고 있던 벨보아 요새와, 조금 더 멀리는 요르단

∧ 아즐룬 성채는 지진으로 훼손된 것을 복원했기 때문에 성 내부의 보존 상태는 그다지 좋지 않다.

남쪽 지역의 카락성을 견제하는 역할을 했다. 이 성의 방어선이 무너지면 무슬림 왕조의 거점 도시인 다마스쿠스가 위협받게 되고 이집트로 가는 길까지 봉쇄될 수도 있기에 당시 아유브 왕조의 술탄은 이 성에 공을 많이 들인 듯하다. 군사적 요충지답게 성벽 위에 올라서면 사방이 훤히 내다보여 전망이 일품이다. 오늘날 무심한 관광객이 멋진 풍광에 감탄하는 장소는 과거에는 선혈이 낭자한 전쟁터였다는 뜻이다.

아즐룬성은 십자군이 퇴각한 후에는 전략적 중요성을 크

게 상실했다. 그리고 몇 차례 파괴와 복구를 거듭하다 17세기 이후에는 사실상 잊혀져 동네 양치기들이나 가끔 이용하는 공간으로 전락했다. 오랫동안 폐허로 방치된 이 성은 식민지 시대에 흔히 그랬듯이 스위스 탐험가 요한 루트비히 부르크하르트Johann Ludwig Burckhardt가 1812년 '재발견'하는 바람에 서구에 알려졌다. 부르크하르트는 그 유명한 페트라 유적을 발견한 인물이기도 하다. 그러나 1837년과 1927년 두 차례의 지진으로 성은 완전히 파괴되었다. 지금 남아 있는 성은 20세기 들어서 꾸준히 복구하여 이나마 모습을 되찾은 것이다.

군사적 방어를 목적으로 쌓았기 때문에, 내려다보는 전망이 좋을 뿐 성안으로 들어가 보면 볼거리는 많지 않다. 다만 그 시절 전쟁 속에서 살았던 사람들의 고달픈 삶을 폐허 속에서 상상해 볼 뿐이다. 아즐룬성에 도착했을 무렵에는 비바람이 거세게 퍼붓고 있었다. 입구에서는 아예 입장권을 파는 직원도 철수해 버리고 없었다. 그다지 높은 산은 아니지만 주변을 굽어보는 고지대에 성채는 자리 잡고 있었다. 성 내부의 시설은 대부분 무너지고 없었지만, 일부는 복구해 놓아 당시의 모습을 어렴풋이나마 느껴 볼 수 있었다. 빗물을 모아서 사용할 수 있게 해 놓은 수로 시설은 특히 인상적이었다. 사막 지역이라는 점 외에도 성채에서는 포위당한 상태에서 장기간 버티려면 식수 공급이 매우 중요했기 때문이다. 성 꼭대기로 올라가려면 여러 층의 방을 통과하도록 되어 있는데, 토

기나 유리병 등 고고학자들이 발굴한 자질구레한 유물이 전시되어 있었다.

비바람은 점점 더 거세져서 사진 촬영은 고사하고 성벽 위에 서 있기도 힘들 정도였다. 서둘러 성에서 내려와 차로 돌아왔다. 하산하는 도중에 차를 잠시 세우고 성을 배경으로 방문 인증숏을 찍었다. 저 멀리 언덕 정상의 아즐룬성이 빗속에서 윤곽을 드러내고 있었다. 다시 가던 길을 계속 가는데 무네르가 잠시 차를 세우더니 뭔가 봉지에 싸 들고 왔다. 한없이 얇고 크게 늘어진 보자기 모양의 호비스였다. 밀가루 반죽을 얇게 펴서 구운 빵으로 인도나 중앙아시아에서 흔히 보던 난과 비슷한데, 좀 더 크고 부드러웠다. 주변에 마땅히 식사할 곳도 없고 해서 빗속을 달리는 차 안에서 빵으로 점심을 대신했다.

모든 길은 로마로 통한다

다음 목적지는 제라시였다. 제라시는 지중해 전역에 산재하는 전형적인 고대 로마 도시로서 전성기 시절의 모습을 비교적 온전하게 유지하고 있었다. 차에서 내려 하드리아누스 개선문으로 들어서자 거대한 고대 도시가 위용을 드러냈다. 지진이나 파괴로 주요 건물의 상당 부분이 무너지긴 했지만 유럽에서 보던 로마 유적보다는 훨씬 더 웅장했다. 이 중에

∧ 제라시 유적지 안으로 들어가는 입구의 하드리아누스 개선문. 129~130년 무렵 하드리아누스 황제의 방문을 기념하여 건축했다.

서도 도시 중앙 광장에 해당하는 포럼의 열주 기둥은 여행 사진에서 자주 보던 모습이었지만 과연 제라시의 랜드마크라는 소문이 헛되지 않을 정도로 멋있었다.

　시가지의 중앙 거리에 해당하는 포장도로 카르도cardo를 따라 천천히 걸음을 옮겼다. 주변의 건물은 무너져 버렸지만 돌로 된 문과 신전, 분수대 등이 여전히 당당한 모습으로 서 있었다. 높은 돌계단을 올라가니 다신교 국가 로마답게 높다란 아르테미스 신전이 방문자를 압도하는 듯 서 있었다. 유적

∧ 제라시의 로마 열주 광장. 넓은 타원형의 광장을 똑같은 규격의 대리석 기둥이 에워싸고 있다.

지에는 다신교 신전과 후대에 지은 기독교 성당의 터가 공존하고 있었다. 거대한 원형 극장은 거의 온전한 상태여서 지금도 공연에 사용되고 있다. 터키와 튀니지 등에 있는 로마 도시 유적에서도 느낀 것이지만 로마의 위대함을 다시 한번 확인했다. 세계를 정복한 제국은 여럿 있었으나 체계적으로 통치한 제국은 로마밖에 없었다고 말하고 싶을 정도로 도시는 잘 정비되어 있었다.

로마 유적을 몇 군데 다녀본 사람이라면 새로운 유적지에서 별다른 감흥을 못 받을 수도 있다. 이전에 본 유적지의 기억을 떠올리면서 비교하게 되기 때문이다. 어디를 가든 로마 도시 유적은 거의 대동소이하다고 느낄 수도 있다. 그런데

역설적으로 로마 문명의 위대함은 바로 이 단조로움에 있다. 로마는 방대한 제국 영토의 전략적 요충지마다 도시를 건설했고, 도시 사이를 그물같이 사통팔달로 잇는 포장도로를 닦았다. 당시에는 제국 영토 어디에 가든 요지마다 완벽한 자급 기능을 갖춘 도시가 있었다. 각 도시는 규모의 차이는 있더라도 신전이나 경기장 같은 거대 건축물뿐 아니라 광장(포럼), 포장도로와 상하수도 등 필요한 기반 시설을 모두 갖추었다.

어떤 점에서 천년도 넘은 과거의 로마 건축은 마치 서구의 현대 도시와 닮은꼴을 하고 있다. 로마 건축의 비밀은 규모나 자재, 장식이 아니라 설계에 있다. 이들은 정교한 설계도에 따라 표준화되고 기능적인 도시 건물과 시설을 건축했다.

∧ 카르도에서 언덕 위의 아르테미스 신전으로 가려면 이 입구 계단을 올라가야 한다.

재료는 구하기 쉬운 벽돌과 자갈, 콘크리트를 사용했고 대리
석은 주로 외부 마감과 장식용으로 썼다. 스페인 세고비아나
터키 이스탄불에 있는 거대한 수도교는 로마 건축술의 우수
성을 그대로 보여 준다. 먼 호수나 산에서 물을 끌어오기 위
해 로마인은 산을 뚫어 터널을 내고 계곡에는 수도교를 놓
았다. 수로는 거의 수평을 이룰 정도로 완만하게 설계되었다.
많은 여행자가 대개 높이 솟은 수도교의 장관에 감탄하는데,
사실은 그보다는 오늘날의 대도시 지하철처럼 정교하고 체
계적인 수로 배치가 건축술의 압권이다.

공공 건축물 역시 거대한 석재가 아니라 설계도에 따라 작은 돌이나 벽돌 조각을 콘크리트로 이겨서 쌓아 올리고 마감재만 대리석으로 덮었다. 그러니 지중해 영역 어디든 거대한 도시를 손쉽게 건설할 수 있었다. 역설적으로 이 때문에 제국의 멸망 후 로마 유적은 곧 흉물처럼 변해 사라졌다. 중세 이후의 사람들은 로마 유적지를 건축 자재를 조달하는 채석장처럼 활용했다. 유럽 도시의 로마 유적을 방문해 보면 마치 아파트 재건축 현장처럼 유적이 골재를 드러낸 흉물스러운 모습을 한 것은 이 때문이다. 반면에 제라시처럼 로마 몰락 이후 인구가 줄어들고 황무지로 변한 중동이나 북아프리카의 유적은 상대적으로 온전한 모습으로 남아 있다.

로마 유적에서 더 감탄을 자아내는 부분은 지하에 있다. 도시 곳곳에는 돌로 된 하수구와 수도관이 모세혈관처럼 뻗어 있다. 서민 거주지에는 공동 수도 시설이 일반적이지만, 부유층 저택에는 납으로 된 작은 수도관이 집 안에까지 이어져 있었다. 도로 한편에는 중앙난방용 배관으로 묻은 붉은색 토관의 흔적도 쉽게 볼 수 있다. 공중화장실은 수세식에 대형 사우나까지 갖추어 짓고 화려한 장식으로 마무리했다. 유럽인은 거의 20세기에 이르러서야 이 정도의 생활 수준에 도달하는데, 로마 시민은 제국 영토 어디에 살든 이러한 혜택을 누렸다니 놀라운 일이다. 로마 시민이 사용한 수돗물 양은 오늘날 뉴욕 시민과 비슷한 수준이라고 역사서에서 읽은 적

∧ 로마 도시는 어느 곳에 있든 수돗물을 풍부하게 공급하도록 설계되어 있었다. 이 분수대는 제라시 시민에게 수돗물을 공급하는 공용 수도였다.

이 있다. 따지고 보면 아무짝에도 쓸모없는 거대 기념비 따위가 아니라 흙 속에서 반쯤 드러난 수도관에 감탄하는 게 당연하다.

오기 전에 대강 듣기는 했지만, 중동 한복판에서 거대한 로마 도시 유적을 이렇게 생생하게 목격할 줄은 몰랐다. 이탈리아 로마에는 예상외로 로마 시대의 유적이 온전하게 남아 있지 않아 실망했던 기억이 났다. 콜로세움이나 판테온은 웅장했지만 후세에 개축이나 복원이 심하게 이루어져 로마 당시의 유적으로 느껴지지 않았다. 오히려 머나먼 중동 땅에서 로마의 유산을 생생하게 보존된 상태로 만날 수 있다.

유적지 한가운데에 이르렀을 무렵 비가 더욱 세차게 쏟아지고 바람은 거세졌다. 우산은 아예 부러져 무용지물이 되었다. 겨울 사막에서 난데없이 물벼락을 흠뻑 맞은 상태에서 오들오들 떨며 먼 거리를 걸어서 다시 입구로 나왔다. 숙소로 돌아오는 길에 암만 시내 고지대에 위치한 로마 시대의 요새와 원형 극장도 잠시 스치듯 둘러봤다.

오래전 머나먼 십자군 원정을 떠난 유럽인들은 이 지역에 산재한 로마의 흔적을 보며 어떤 생각을 했을까. 쇠퇴하기는 했지만 로마의 후계자인 비잔틴 제국이 건재했고, 로마의 정신적 후예라고 생각하던 당시 사람들은 오래전 잃어버린 땅을 떠올리면서 감회에 젖지 않았을까? 이국적인 땅에서 마주한 로마의 흔적은 사라진 대제국에 대한 아련한 향수를 불러일으키기에 충분하다. 만주 땅 여행에서 고구려 유적을 만난 한국 관광객의 심정을 언뜻 떠올렸다.

호텔로 오는 길에 무네르가 아랍식 커피점에 잠시 차를 세웠다. 낯선 동양인을 본 이집트인 종업원들이 난리가 났다. 너도나도 휴대폰을 들고 와서 함께 사진을 찍자면서 한바탕 요란을 떨었다. 어릴 적 길가다가 낯선 서양인만 만나면 '코쟁이'라고 놀리고 달아나던 시절의 기억이 문득 떠올랐다. 이방인에 대한 환대와 이국적 호기심이 뒤섞인 반응이 다소 지나친 듯해 약간 불편했지만 이 오버액션도 낯선 이에 대한 호의

< 아랍식 커피는 필터를 사용하지 않고 빻은 커피를 구리 주전자에 바로 끓인다.

가 과장되게 표현된 것이라 여기고 그냥 받아들이기로 했다.

비도 피할 겸 가게 안에서 기다리면서 커피 뽑는 과정을 들여다보고 있었더니 한번 해 보라고 한다. 작은 구리 주전자에 커피 가루와 물을 넣어 뜨거운 불 위에 올려놓고 끓였다. 필터를 사용하지 않아 거의 찐득찐득할 정도로 거친 질감과 진한 향을 느끼면서 마시는 것이 특징이다. 마치 미숫가루를 뜨거운 물에 타서 들이키는 듯한 혀끝 감촉은 연하게 내린 부드러운 드립 커피와는 다른 묘한 매력이 있다. 터키에서도 비슷한 커피를 마셔 본 기억이 났다. 세상은 넓고 맛의 세계는 참 다양한 것 같다. 무네르는 이집트식 커피라고 했는데, 사실은 오스만 튀르크 시절의 터키식이나 아랍식이 더 정확

할 것이다. 지금의 이란에서 북아프리카 모로코에 이르는 광대한 무슬림 제국이 수백 년 동안 지배했기 때문에, 비슷한 생활방식을 곳곳에서 볼 수 있다. 아랍 국가들은 심지어 국기조차도 서로 비슷한 곳이 많다.

빗줄기가 더 거세졌다. 비록 차 안에서 종이컵에 담아 마시긴 해도 비 오는 날은 커피가 유독 잘 어울린다. 무네르가 요르단 디나르로 커피 값을 계산했다. 중동이나 발칸 지역에는 디나르를 화폐 단위로 쓰는 나라가 꽤 있는데, 로마 제국의 은화 단위가 바로 데나리우스였다. 그 옛날 로마의 흔적이 긴 세월을 건너뛰어 화폐 이름으로도 남아 있다.

힘겨운 하루 일정을 우여곡절 끝에 마치고 다시 암만 구시가지로 들어섰다. 종일 내린 비 때문인지, 시 외곽뿐 아니라 시내 역시 도로마다 온통 흙탕물이 넘쳐나 난장판이었다. 비가 적은 사막이라 배수 시설이 제대로 되어 있지 않은 탓이다. 로마 도시의 완벽한 배수로 시설을 보고 난 뒤라서 그런지 실망감이 컸다. 21세기의 한 나라 수도에서 목격한 현실에 잠시 당황했다. 로마 유산의 위대함은 역시 웅장한 석조 기둥이 아니라 의외로 잘 보이지 않는 데 있다.

미지의 도시 페트라 가는 길

드디어 페트라로 떠나는 날이다. 순례자로 왔든 관광객으로 왔든 요르단에서 페트라는 빼놓지 않고 방문하는 전형적인 관광지임에는 분명하다. 암만 숙소 지척에 있는 제트 버스 터미널에서 아침 6시 반에 딱 한 번 페트라행 버스가 떠난다. 외국인 관광객용의 이 버스를 놓치면 하루를 더 기다리거나 아니면 현지 서민들이 이용하는 멀고 험한 경로를 택할 수밖에 없다. 약간의 불안감과 셀렘이 뒤섞여 밤새 잠을 설치다가 5시에 눈을 떴다. 서둘러 호텔을 나서려는데, 호텔 주인이 잠시 기다리라고 하더니 이른 아침 식사를 챙겨 준다. 뭔지 모를 따스함이 피부로 전해졌다.

바깥에는 겨울비가 부슬부슬 뿌리고 있었다. 암만 시가지를 뒤로하고 버스는 남쪽으로 가는 고속도로를 달렸다. 차창 밖으로는 사막 식물이 주근깨처럼 간간이 박힌 황량한 사막만 끝없이 펼쳐졌다. 영화 〈아라비아의 로렌스*Lawrence of Arabia*〉에서 배경으로 나올 때는 멋있기만 했는데, 차창 밖 풍경은 영화와는 너무나 달랐다. 영화에서처럼 새파란 하늘과 부드러운 모래가 어우러진 초현실적인 사막 풍광 대신에, 겨울비가 뿌리는 삭막한 요르단 사막은 거대한 공사판 같은 흙더미에 더 가까웠다. 빗속에 흙탕물이 고인 웅덩이가 여기저기 보이고, 도로변에는 폐타이어가 흩어져 있었다. 지나치는 작은 마을은 낡은 집 주위로 쓰레기가 굴러다녀 영락없는 제3세계의 한 장면이었다.

페트라가 가까워지자 빗방울은 더 거세졌고, 작은 계곡에는 간간이 나지막한 소나무와 푸른 풀밭이 모습을 드러냈다. 페트라 인근 마을에 내리니 겨우 오전 10시였다. 자그마한 마을이라 조금 걸어서 숙소에 도착했다. 호텔은 건물 외관은 꽤 그럴듯한데 마침 정전이어서 내부는 어수선했다. 체크인하기에 너무 이른 시간이라 불 꺼진 로비에서 빈둥거리며 시간을 보냈다. 전기가 들어오지 않는 상태에서 할 수 있는 일은 아무것도 없었다. 세계적인 관광지 한복판에서 정전이라니. 전기는 오후 느지막에야 복구되었다. 어차피 하루를 비워 둔 상태라 한적한 마을 여기저기를 기웃거리며 시간을 보냈다.

고풍스러운 붉은 동굴 모양의 식당에서 현지식 양고기 요리로 느긋하게 점심 식사를 했다. 촛불이 켜진 실내를 둘러보니 벽의 장식을 멋지게 해 두었는데, 특히 사진이 거의 예술이었다. 식당을 나오다가 젊은 주인과 마주쳐 인사를 건넸는데, 오래전 할아버지가 살던 집이라고 했다. 친절한 주인은 마침 퇴근길이라며 숙소까지 차를 태워 주었다. 성질 급한 한국 관광객 중에는 당일치기로 다녀가는 사람도 있다는데, 페트라에서 나는 첫날을 일정 없이 지냈다.

이튿날 아침에는 페트라를 눈으로 확인하기 위해 일찍부터 숙소를 나섰다. 페트라는 요르단 남쪽 사막 한복판에 있는 고대 도시로, 영화 〈인디아나 존스: 최후의 성전〉 덕분에 요르단의 최고 관광지로 알려졌다. 페트라는 그리스어로 '바위'라는 뜻으로, 아라비아반도 유목민 나바테아인들이 세

∧ 페트라 전역은 오직 도보로만 다닐 수 있다. 걷기를 싫어하는 관광객용으로 노새나
낙타 주인들이 군데군데 진을 치고 있다.

운 왕국의 수도였다. 나바테아 왕국은 106년 로마에 멸망하
기 전까지 사막을 가로지르는 향신료 무역으로 번영을 누렸
다. 기독교도 이슬람교도 아닌 이교도였고, 유럽과도 관련이
없는 고대 왕국이지만, 뜻밖에도 건축 양식에서는 이집트와
그리스의 영향이 강하게 드러난다. 363년과 551년에 두 차례
의 큰 지진으로 폐허가 되었고, 더 중요하게는 아시아와 지중
해변 간의 교역로가 바다로 옮겨 가는 바람에 사실상 잊혀진
땅이 되고 말았다. 1812년 스위스인 탐험가 부르크하르트가
'재발견'할 때까지 사막의 유목민인 베두인족이 드문드문 거
주할 뿐 황량하고 인적 끊긴 사막 계곡으로 남아 있었다.

페트라의 대표 명소인 '알카즈네Al-Khazneh'로 가려면 매표소에서 개울가를 따라 한참 걸은 후 다시 1.2킬로미터에 달하는 좁은 절벽 사이를 통과해야 한다. 입구에서는 평소 걷기 싫어하는 게으른 도시인을 대상으로 마부나 노새꾼이 열심히 호객 행위를 하고 있었다. 메마른 개울가를 따라서 걷다 보니 저수지 유적이 나왔다.

바로 여기서부터 '시크sig'라 불리는 계곡이 시작된다. 계곡에서는 양쪽으로 거의 수직의 절벽이 솟아 있고 위를 쳐다보니 하늘이 손바닥만 하게 보였다. 폭이 3미터 정도 되는 통로 옆으로는 고대 페트라의 주인이던 나바테아인들이 건설한 작은 수로가 벽을 따라 이어져 있었다. 이 메마른 사막 땅에서 한때 3만 명에 달한 대도시 페트라 주민의 생명선과 같은 수로다.

얼마 동안을 걷다 보니 계곡이 끝나는 부분으로 환한 햇살이 들어오기 시작했다. 그리고는 갑자기 계곡의 절벽 사이로 알카즈네가 신비로운 자태를 드러냈다. 며칠 동안의 궂은 날씨는 간데없고 강렬한 햇살이 알카즈네의 붉은 바위 위를 비추면서 초현실적인 광경을 자아냈다. 좁은 계곡 사이를 따라 한참 걸어온 것은 페트라에 대한 기대치를 높여 주는 일종의 전주곡이자 맛보기 과정이었다.

이 영화 같은 분위기나 신비로운 감동의 순간은 아주 잠깐이었다. 계곡을 나서 알카즈네를 정면으로 마주하고 서자

영화나 사진에서 보던 신비로운 모습과 더불어 제3 세계 관
광지의 전형적 분위기가 나를 맞이했다. 알카즈네 앞은 온갖
자세로 카메라 셔터를 열심히 눌러 대는 관광객 무리와 자칭
가이드, 기념품 장사치, 노새, 마차 호객꾼의 외침이 뒤엉켜
그야말로 혼란스러운 시장통을 이루었다. 이집트 피라미드
관광지에서 겪은 난장판의 경험을 여기서 되풀이하게 되었다.

알카즈네는 사암으로 된 자연 상태의 절벽을 파내서 세
운 건축물이다. 폭이 24미터에 높이는 37미터에 달할 정도로
규모도 웅장하다. 그런데 중동 사막 한복판에 유목민의 고대
왕국이 남긴 이 건축물에서는 뜻밖에도 그리스 건축의 분위
기가 물씬 풍긴다. 당시 이집트 알렉산드리아와 교류하면서
그리스 헬레니즘 건축의 영향을 강하게 받은 탓이다. 다소 훼
손되기는 했지만 전면의 기둥이나 조각상 등에서는 이웃 문

∧ 시크 절벽에는 나바테아인들이 페트라로 물을 끌어오는 데 사용한 수로 흔적이 있다.
< 페트라로 들어가기 위해서는 절벽 사이로 난 좁은 통로인 '시크'를 통과해야 한다.

명의 낯익은 흔적이 보였다. 그렇지만 알카즈네, 아니 페트라 자체가 알려진 역사보다는 묻혀 버린 역사가 더 많은 덕분에 더욱 신비롭게 느껴진다. 아마 이러한 역사적 기록의 공백 때문에 페트라는 오히려 영화적 상상력으로 메울 여지가 풍부하지 않았나 한다.

알카즈네라는 이름 자체도 역사적 무지의 산물이다. 알카즈네는 파라오의 보물 창고를 의미한다. 이집트의 파라오가 유대 땅 원정길에 나섰다가 여기에 보물을 숨겨두었다는 그런 야사가 이곳에 얽혀 있다. 그렇지만 어디까지나 전해지는 이야기일 뿐 진실은 알 수 없다. 〈인디아나 존스〉에서처럼 알카즈네 안에 진짜 보물이 숨겨져 있거나 미로 같은 궁전이 펼쳐질 것이라 기대해도 안 된다. 일부 유목민들이 전설을 역사라고 믿고는 보물을 찾기 위해 건물에 총격을 가하는 바람에 유적에는 총탄 자국이 군데군데 남아 있다. 건물 내부는 휑하게 남은 빈 공간뿐 이렇다 할 구경거리도 없다. 역사학자들은 아마 고대 나바테아의 왕 아레타스 4세의 무덤이었을 것이라고 추정한다.

알카즈네 주변의 난장판에서 몇 발자국 벗어나 좀 더 안쪽으로 들어가니 인적이 좀 뜸해지기 시작했다. 알카즈네는 곧 페트라 자체로 통할 정도로 유명하지만 사실은 페트라라는 도시로 들어가는 입구에 불과하다. 알카즈네에서 페트라 안쪽으로 걸음을 옮기니 높게 솟은 절벽 양쪽에는 알카즈네

> 알카즈네는 붉은 사암 절벽을 그대로 깎아서 세운 동굴형 건축이다.

∧ 알카즈네에서 좁은 계곡을 지나면 넓은 분지가 나오는데 이곳이 와디 무사다.

처럼 바위를 새겨서 만든 동굴 무덤이 이어졌다. 이곳은 '파사드의 거리'라 불리는데, 알카즈네처럼 절벽을 파내서 만든 40여 군데의 무덤이 산재해 있다.

계곡을 나서니 황량한 평지가 펼쳐졌다. 여기서 왼쪽 언덕의 계단을 올라가면 '희생의 제단High Place of Sacrifice'이 있다. 고대 나바테아인들이 신에게 피의 제물을 바치던 곳이다. 정면의 암벽 기슭에는 로마식 반원형의 극장이 있다. '로마'식이라고 했지만 사실은 고대 나바테아인들이 건설했는데, 이후 페트라를 점령한 로마가 개축하는 바람에 로마의 시설이 되었을 뿐이다. 8,500명 정도를 수용할 수 있었다고 하는데, 이는 당시 페트라 인구의 3분의 1에 달하는 엄청난 규모다. 이 건축물에서 특이한 점은 다른 그리스-로마식 극장과 달리 작은 돌을 쌓아올리지 않고 절벽을 통째로 새겨 반원형의 극장 모양으로 만들었다는 점이다. 기존의 시설을 확장해서 건설했기 때문에, 극장 좌석 상단에는 원래 있던 무덤 동굴의 흔적이 군데군데 보인다. 여기서 계곡 사이의 평지를 따라서 좀 더 가면 고대 도시 페트라의 자취가 군데군데 남아 있다. 열주의 거리라 불리는 비포장 흙길을 중심으로 왼편에는 지금은 돌기둥만 남은 고대 신전이 있고, 길이 끝나는 지점에는 이집트 파라오의 딸이 살던 궁전이라고 알려진 유적이 반쯤 허물어진 상태로 눈에 들어온다.

그런데 지도를 보니 이 계곡의 평지 일대의 이름이 바로

∧ 원형 극장은 페트라의 다른 건축물처럼 벽돌로 쌓지 않고 돌산을 깎아 만들었다. 현재 유적은 고대 나바테아인들이 건축한 것을 로마 시절 확장하였다.

와디 무사, 즉 모세의 계곡이라 적혀 있다. 구약성서의 기록에 따르면 이곳 어느 언덕 정상에서 모세의 형이자 유대의 대제사장인 아론이 숨을 거두었다고 한다. 성지 순례의 경로에서 벗어나 관광차 들른 페트라에서 다시 성서의 흔적과 마주쳤다. 그러고 보니 이 계곡에는 비잔틴 제국 시절의 성당 터도 여기저기 남아 있었다. 열주 거리에서 신전 유적 맞은편 야트막한 야산 언덕에 올라가니 가건물 지붕 아래에 비잔틴 시절의 성당 바닥 모자이크가 온전하게 보존되어 있었다. 12세기에는 십자군이 이곳을 점령해 인근 언덕에 요새를 건

∧ 열주 거리의 대신전은 나바테아인의 신전으로 추정되는데, 종교적 목적인지 행정적 목적인지, 또한 숭배 대상은 누구였는지 아직 알려지지 않았다.

설한 적도 있다고 한다.

다시 오던 길을 뒤돌아보니 알카즈네 계곡 입구의 깎아지른 듯한 붉은색 절벽에는 왕족의 무덤이라 불리는 웅장한 건축들이 나란히 솟아 있었다. 이 거대한 동굴 무덤군 역시 나바테아인 귀족들의 무덤으로 건축되었지만 비잔틴 제국 시절(4~7세기까지)에는 종교적 시설로 재활용되었다. 특히 '항아리 무덤'으로 불리는 유적은 유심히 보면 입구의 그리스식 기둥과 내부의 공간 배치에서 과거 성당이던 시절의 자취를 지금도 찾을 수 있다. 447년 정교회 수도사들은 동굴 내부를 확

∧ 알카즈네 계곡 입구에 있는 왕족의 무덤은 아름다운 색깔의 바위 절벽을 새겨 만든 거대한 동굴 무덤군이다.

장해 이 무덤을 본격적인 성당 모습으로 개조하였다. 이 '성당'은 다층 구조로 절벽 중턱 다른 무덤 위에 높이 솟아 있고 테라스와 정면의 그리스식 기둥 장식을 갖추었다. 내부에는 재건축을 주도한 당시 주교의 이름을 그리스어로 새긴 기록이 발견되었다. 중세 초기 유럽 전역에서 성당 건축이 본격적으로 시작되었을 무렵에는 기존의 로마 건축물 폐허에서 기둥이나 자재를 대거 조달하는 것이 관행이었다. 대형 건축을 감당할 여건이 안 되는 페트라 지역에서 왕족의 무덤이란 널찍한 동굴은 성당으로 재활용하기에 아마 더할 나위 없이 좋

∧ 항아리 무덤은 나바테아 귀족의 묘지였으나 비잔틴 시절에는 동굴 내부를 확장해 성당으로 사용하였다.

은 시설이었을 것이다.

　열주 거리가 끝나는 지점에 이르면 높다란 바위 언덕 경사지를 따라 올라가는 구불구불한 산길이 시작된다. 알카즈네와 더불어 페트라의 대표 유적인 알데이르Al Deir로 올라가는 길이다. 이곳에는 알카즈네와는 달리 관광객 무리가 사라지고 주변은 그냥 한적한 사막 언덕 모습뿐이다. 여기서부터 다시 바위 언덕을 따라 놓인 800여 계단을 힘겹게 올라가야 했다. 계단이 시작되는 곳이나 비탈길 중간 중간에는 현지인 노점상이 자질구레한 기념품 좌판을 늘어놓았고 노새꾼들은

∧ 페트라는 기본적으로 붉은 사암으로 이루어진 지형인데, 일부 바위는 형형색색의 아름다운 무늬를 자아내고 있다.

한가로이 손님을 기다리고 있었다. 언덕길을 올라가다 보면 바위의 색이 마치 무지개처럼 형형색색으로 변하는 아름다운 모습을 볼 수 있다. 페트라가 '장미의 도시'라 불리는 이유를 알 것 같았다.

마침내 바위 언덕 정상에 도달하자 널찍한 평지가 나오고 알카즈네처럼 절벽 바위를 깎아서 새긴 알데이르가 웅장한 모습을 드러냈다. 멀리서 보면 규모를 가늠하기 어렵지만, 전면 파사드만 해도 폭이 50미터, 높이가 45미터로 알카즈네보다 훨씬 더 큰 건축물이다. 이 유적이 '수도원'을 뜻하는 알

데이르라 불리는 데는 이유가 있다. 유적 동굴 내부 벽에 십자가를 새긴 흔적이 발견되었는데, 이를 근거로 아마 이곳이 비잔틴 시절에는 성당으로 활용되었을 것이라고 판단해 그런 이름을 붙였다. 이 '수도원'은 8미터 높이의 입구로만 빛이 들어오기 때문에, 시간의 변화에 따라 움직이는 그림자는 신비로움을 더해 준다. 나지막한 건너편 바위 위에 올라 느긋한 자세로 알데이르의 웅장하고 신비로운 모습을 한참 내려다보며 감회에 젖었다. 인파가 사라진 한적한 이 유적은 고대의 성스러운 분위기를 그대로 간직하고 있었다. 고개를 돌리니 저 멀리 산 아래로 겨울 사막의 황량하면서도 멋진 지형이 강렬한 사막 햇살 속에 펼쳐져 있었다.

기독교 성지의 나라 요르단

사흘 동안 고대 유적 페트라에 다녀온 뒤 다시 암만을 근거지로 삼아 주변 답사에 나섰다. 언제 그랬나 싶게 하늘은 맑고 푸르렀다. 아침 일찍부터 호텔 로비에 나와 차량을 기다렸다. 나흘 전에 약속한 기사 무네르가 제시간에 나타나지 않았다. 약속을 잊어버렸을까 봐 잠시 당황했다. 조금 늦긴 했지만 차는 우여곡절 끝에 무사히 출발해 남으로 달렸다.

　첫 번째로 들른 곳은 마다바였다. 인구 15만 정도의 자그마한 도시인데 여기에는 비잔틴 시대의 모자이크로 유명한

< 고지대의 절벽을 깎아 만든 알데이르. 비잔틴 시절에 수도원으로 사용된 흔적이 있어 알데이르라는 이름이 붙었다.

∧ 마다바의 소박한 성 조지 성당 바닥의 팔레스타인 지도 모자이크는 중동 지역 지도로서 가장 오래된 것이다.

정교회 성당이 여러 군데 있다. 이 중에서 가장 유명한 성 조지 성당St. George Church에 들렀다. 사실 성당 자체는 19세기에 지은 자그마한 건물에 불과하지만 여기에는 '역대급'의 걸작품 모자이크가 남아 있다.

1984년 그리스 정교회 성당 건축을 위해 땅을 파헤친 인부들은 무엇인가를 우연히 발견했는데 이 발견은 전 세계적인 파장을 불러일으켰다. 팔레스타인 지역을 묘사한 지도 모자이크로, 지금까지 남아 있는 고지도 중에서 가장 오래된 것이었다. 모자이크는 새로 지은 작은 성당 안 바닥에 있었고 카펫을 걷어내 방문자들이 볼 수 있도록 해 놓았다. 성당 바깥의 뜰에는 모자이크 전체를 재현한 표지판이 서 있었다.

성당 내부를 둘러보니 벽에는 용을 처치하고 여인을 구하는 성 조지(그리스어로는 성 게오르기오스)의 모습이 여기저기 그려져 있었다. 성 조지는 초기 기독교 순교자로 14성인 반열에 오를 정도로 중요한 인물이며, 잉글랜드, 조지아, 모스크바의 수호성인이기도 하다. 성당은 작고 소박했다. 모자이크 외에는 여느 정교회 성당이나 별반 차이가 없어 보였다. 유명 유적을 갖춘 명소이면서도 이 성당은 그냥 작은 시골 마을 교회 분위기를 물씬 풍겼다.

요르단은 이슬람 국가로만 알고 있었는데, 가는 곳마다 기독교 교회가 있고 관련 성지와 유적이 남아 있다는 점이 다소 뜻밖이었다. 오랜 세월 동안 이슬람이 지배했지만 마다

> 성 조지 성당은 모자이크가 아니라면 평범한 시골 정교회 성당 분위기를 풍기는 소박한 건물이다.

바에서는 여전히 기독교 주민이 3분의 1을 차지하고 있다. 생각해 보면 마다바는 수백 년간 로마의 도시로 기독교 지역이었으니 성당이 많이 남아 있는 것은 당연한 일이다. 어쩌면 갈등과 전쟁으로 얼룩진 이 땅에서 다른 중동 국가도, 유럽도 해결하지 못한 공생의 지혜를 이곳 사람들은 일찌감치 체득했는지 모를 일이다.

마다바 시내를 벗어나 다시 황량한 사막을 달리기 시작했다. 이제 차는 비탈길을 오르기 시작했고 저 아래 계곡에는 자그마한 숲이 내려다보였다. 전망 좋은 곳에 잠시 차를 세웠다. 무네르에 따르면 저 아래 녹색으로 보이는 자그마한 숲은 우윤 무사Uyun Musa(모세의 샘. 무사는 모세의 아랍식 이름)라 불린다고 했다. 이집트에서 유대인을 대거 이끌고 탈출한 출애굽기의 주인공 바로 그 모세다. 모세가 사막 한복판인 저곳에서 지팡이로 땅을 치자 물이 솟아나 유대인들의 갈증을 해소할 수 있었다고 한다.

모세가 40년이란 긴 세월을 광야에서 유랑한 후 마지막으로 약속의 땅인 가나안을 바라보던 곳이 바로 이 느보산이다. 모세는 후계자인 여호수아에게 유대인을 이끌고 가나안 땅으로 들어가라고 명한 후, 이곳에서 생을 마감했다고 한다. 모세의 무덤이 이 산에 있다는 기록도 있지만, 사실 정확한 위치는 알려져 있지 않다. 그렇지만 이곳이 교파를 불문하고 기독교인에게 중요한 성지임에는 틀림없다. 모세는 이

< 성 조지 성당의 내부.

∧ 언덕 아래 자그마한 푸른 숲이 우거진 곳이 우윤 무사다.

슬람교에서도 예언자 25명 중 한 사람으로 꼽히니까, 기독교,
유대교, 이슬람교에 모두 중요한 인물이다.

그래서 그런지 요르단 땅을 다니다 보면 모세라는 이름
이 붙은 곳이 종종 있다. 우윤 무사 외에도 요르단 남쪽 유명
관광지인 페트라 부근에도 와디 무사(모세의 계곡)가 있다. 역
사는 유적이나 기록 형태가 사라져도 이름으로 남기도 한다.
그 많은 무리를 이끌고 이 광야에서 40년을 유랑했다면 지명
이든 전설이든 전승되는 이야기로 자취를 남기는 게 어쩌면
당연하다.

∧ 느보산 정상에 있는 모세 기념 성당은 모세의 행적을 기념하기 위해 후세에 지었다.

나지막한 정상에 오르니 주차장 건너편에 매표소가 보였다. 입구에서 직원과 실없는 농담을 주고받은 후 좌우에 관목이 우거진 포장도로를 걸어가다 보니 정면에 나지막한 현대적 건물이 나타났다. 이 건물은 4세기 무렵의 수도원 터 위에 지은 작은 성당으로 지금은 모세 기념 성당으로 불린다. 외관은 매우 현대적인 성당이지만 안으로 들어가니 고건축의 자취가 그대로 보존되어 있었다. 바닥의 모자이크는 비잔틴 제국 시절인 597년경의 성당 유적이다. 발굴 작업 후 그 자취를 모두 살린 채 그 위에 현대적 건물을 올렸다. 제대 좌우에는 과거

∧ 모세 기념 성당은 오래된 성당의 폐허 위에 겹쳐 지어 여러 시대의 흔적을 간직하고 있다.

성당 건물을 받치고 있던 돌기둥이 두 줄로 늘어서 있고, 좌우 바닥에는 그 시기의 모자이크가 남아 있는데, 요르단에 남은 최고의 모자이크로 꼽힌다. 모자이크는 각종 동물과 사냥 장면, 식물을 생생하게 묘사하고 있었다.

기록에 따르면 4세기경부터 여기에 비잔틴 성당이 들어서 있었다고 하며, 지금 남아 있는 모자이크는 6세기 이후의 것이다. 모세의 이름이 붙은 이 유적은 세월이 흐르면서 각 시대의 흔적이 겹겹이 쌓인 것이라 시대를 특정하기가 어렵다. 사실 수천년의 긴 세월을 견뎌낸 것은 황량한 이 언덕과 모세라는 이름뿐이다. 이 성당은 현재 가톨릭 프란체스코 수도원에서 관리하고 있다. 2000년에 교황 요한 바오로 2세가 방문하면서 이곳을 공식적으로 성지로 인증했다. 성당 입구에는 교황의 방문을 기념하는 비석이 서 있다.

남은 흔적은 미미하지만 역사가 오래된 만큼 느보산에는 순례자의 발길이 끊이지 않는다. 일찍이 비잔틴 시절부터 이곳을 다녀온 순례자의 기록도 있다. 1930년대에 현대적인 고고학 발굴 작업이 본격적으로 시작되었는데, 작업 팀은 381년과 384년 사이에 성지를 다녀온 귀부인 에게리아의 순례기에 나오는 묘사를 참고했다고 한다. 이 책은 국내에서 《에게리아의 순례기》라는 이름으로 번역되어 있다. 하지만 구전과 개인 기록 등을 통해 전승되다 보니 성지와 관련된 정보는 대개 정확하게 확인하기가 쉽지 않다. 성지 순례에서는 유적과 기록, 전설이 뒤섞인 모호함을 현실로 받아들일 수밖에 없다.

기독교인에게는 대단한 의미가 있는 곳이긴 하지만 유명세에 비해 성당 안팎은 아주 소박했다. 마당에는 맷돌 모양의 둥그런 대형 돌이 있었는데, 인근 수도원에서 입구를 막는 데 사용되다가 옮겨온 것이다. 그런데 일각에서는 이 돌이 모세의 무덤 입구를 막는 데 사용했다는 이야기도 나왔다. 구전으로 전승되는 이야기이므로 진실은 안개 속에 가려져 있다. 기독교가 지배하던 중세 유럽인에게 이 중동 지역은 성스러운 곳이긴 하지만 실제로 보거나 다녀간 사람은 소수에 불과했다. 이 중에서도 극소수의 수도사나 순례자만이 성지에 소박한 흔적을 남겼을 뿐이다. 몇몇 수도사가 작은 교회를 짓고 살다가 한동안 방치하다가 하는 과정이 거듭되면서 기록과 전승, 그리고 약간의 물리적 자취가 남은 것이다.

이곳을 거쳐 간 수도사들 역시 무슬림이 지배하는 세상 안에서 자신을 잘 드러내지 않은 채 요새 같은 작은 교회 안에서 은둔 생활을 했다. 굳이 겸손과 절제를 강조하는 중세 기독교인의 삶의 철학을 언급하지 않더라도 현실적인 이유도 있었다. 이슬람 왕조가 기독교를 묵인하기는 했지만 언제 탄압과 위협이 닥칠지 모르는 상황에서는 가능하면 자신을 드러내지 않은 것이 최선의 처신이었을 것이다. 모세 기념 성당 주변에는 과거 수도사들이 생활하던 시야가 수도원의 유적이 남아 있다. 물론 온전한 형태로 남아 있었다고 해도 주변의 시선을 끌지 않는 소박한 건물이었을 것이다. 그래서 성지에는 늘 역사학자나 고고학자의 눈에는 입증되지 않은 전설로만 남은 부분이 적지 않다.

느보산의 백미는 정상에서 바라보는 전망이다. 아마 모세는 멀리 가나안 땅으로 떠나가는 유대인들의 모습을 이 산 위에서 지켜보았을 것이다. 성당을 나와 눈을 돌리면 주변 지역이 멀리까지 한눈에 들어온다. 서쪽으로는 요르단 계곡과 강 너머 팔레스타인 지역이 정면으로 보인다. 이 전망대에 서면 이스라엘 쪽으로는 예리코가, 날이 아주 좋으면 예루살렘까지 보이기도 한다. 느보산은 나무 한 그루 없이 넓게 펼쳐

∧ 느보산 정상 전망대에 서면 맑은 날에는 서쪽으로 요르단 계곡과 건너편 예리코와 예루살렘 등 팔레스타인 지역이 훤히 보인다.

진 모압 평원 한복판에 서 있다. 실제 높이는 해발 817미터에 불과하지만 맞은편의 사해가 해수면보다 422미터나 더 낮기 때문에 눈으로 보기에는 아주 고지대처럼 느껴진다. 내가 간 날에는 멀리 이스라엘 쪽에 흙먼지가 뿌옇게 드리워져 있었지만, 그래도 상당히 멀리까지 바라볼 수 있었다. 느보산은 성서 이야기에 관심 없는 사람에게는 전망만으로도 인상적인 방문지가 될 수 있다.

건물 주위에는 뱀 지팡이 모양의 작은 기념물이 세워져 있다. 현대적 성당을 신축할 때 이탈리아 조각가 지오바니 판토니Giovanni Fantoni가 세운 작품이라는데, 성서에 나오는 모

Just as Moses Lifted up the Serpent in The Desert, the Son of Man Must be Lifted up,
So that Everyone Who Believes in Him May Have Eternal Life. (John 3:14-15)

وكما رفع موسى الحية في البرية هكذا ينبغي أن يرفع ابن الإنسان،
لكي لا يهلك كل من يؤمن به بل تكون له الحياة الأبدية

세의 구리 뱀 기둥과 예수의 십자가를 결합한 것이다. 구약성서에 따르면 이집트에서 탈출해 광야를 떠돌던 유대인들이 불만을 토로하자 이들을 징벌하기 위해 하느님이 독사를 풀어 많은 사람이 죽었다. 유대인들이 울며 하소연하자 모세가 놋쇠로 된 뱀 지팡이를 세웠고 그것을 쳐다본 사람은 독에서 치료가 되었다고 한다. 이 현대적 조각은 모세의 이야기를 형상화한 것이다. 느보산에 구구절절이 얽힌 이러한 사연들은 흥미롭지만 남아 있는 볼거리가 많지는 않다. 성지를 경험하는 데는 약간의 지식과 상상력이 필요하다.

성스러운 흔적, 순례자의 기억

다시 차로 돌아와 산을 내려가기 시작했다. 풀 한 포기 나지 않아 황량하기 짝이 없는 비탈길을 한참 동안 달렸다. 저 멀리 흙먼지 날리는 허허벌판에 천막이 군데군데 보였다. 베두인족 마을이었다. 유목민들은 저렇게 천막을 치고 가축을 방목하면서 살다가 여건이 나빠지면 여기저기 옮겨 다닌다. 집시도 베두인과 생활방식이 비슷한데, 외부인은 옷차림으로 대략 구분할 수 있다. 무슬림인 베두인과 달리 집시는 머리에 두건을 쓰지 않으며 옷 색깔이 화려한 것이 특징이라고 한다.

　차는 마침내 베다니 지역에 도착했다. 사해로 흘러 들어

< 청동 뱀 십자가 조각은 모세의 행적을 현대적으로 표현한 작품이다.

가는 요르단 강가의 작은 동네에 불과하지만 기독교의 수많은 이야기가 얽혀 있는 곳이다. 요르단강은 성서에 나오는 바로 그 강이다. 바로 여기서 예수가 세례자 요한에게 세례를 받았고, 구약에 따르면 예언자 엘리야가 병거(군용 마차)를 타고 승천했다고 전해진다. 하지만 이러한 사연은 오랫동안 기록과 구전으로만 전승되다가 1994년 이스라엘과 요르단 간에 평화 협정이 체결되고 나서야 실제로 발굴 조사가 이루어졌다. 2000년 교황 요한 바오로 2세는 이 지역을 방문해 성지로 선언했다.

요르단강은 사실상 두 나라를 가르는 자연적인 국경선이다. 두 나라가 호전적 관계는 아니라 해도 그리 매끄럽지 못하다 보니 강변에는 민간인 출입이 통제된다. 요르단 강변은 요르단과 이스라엘의 국경 지대이자 군사 보호 구역이지만, 이 성지 부근에서만 유일하게 방문자가 강물에 손을 담글 수 있다. 다만 요르단 쪽에서는 개별 방문이 허용되지 않고 방문자는 안내자의 인솔하에 단체로만 예수의 세례 장소와 요르단강 강변으로 나갈 수 있다. 차에서 내려 조금 걸어 들어가니 집결지에 수영장 비슷하게 생긴 시설이 있었다. 이 성지를 방문해 세례를 받고 싶어하는 기독교인이 많은데 바로 이들에게 집단으로 세례를 줄 수 있도록 만든 시설이다.

이제 강변으로 내려갈 시간이다. 가이드의 지시대로 사람들이 임시로 단체를 이루어 움직이기 시작했다. 사람 키 높이

< 요르단 계곡의 황량한 사막에 베두인족이 천막을 치고 살아가는 모습이 먼발치에서 보인다.

를 넘는 나무와 누렇게 시든 갈대숲 사이로 난 비포장 오솔
길을 따라 조용히 이동했다. 오솔길이 끝나는 지점에 메마른
우물가 빨래터 비슷한 공터가 보였다. 바로 그 유명한 예수의
세례 장소다. 예수가 활동하던 시절에는 작은 물길이 요르단
강으로 흘러 들어가 합류하는 지점이었다. 그러나 그 당시 모
습을 기대하고 온 사람이라면 크게 실망하고 말 것이다. 무려
2000년의 세월이 지나는 동안 기후와 지형이 바뀌어 이제 이
곳은 메마른 땅으로 변해 버렸다. 지표에서 몇 미터 정도 내
려가는 돌계단이 있고, 그 아래에 바싹 말라버린 작은 웅덩
이가 성서에 나오는 세례 장소다. 설명과 표지판이 없었다면
그냥 지나칠 만한 초라한 곳이었다. 주변에는 작은 건물 터가
보이는데, 5세기와 6세기에 비잔틴 교회가 있었던 자리다.

드디어 요르단 강변으로 걸음을 옮겼다. 국경 군사 지역
이라 소총으로 무장한 군인들이 지키고 있었다. 요르단강은
강이라고 부르기에는 너무 작아서 다소 실망스러웠다. 기껏
해야 청계천 상류보다는 조금 더 폭이 넓을까 말까 한 작은
강에 혼탁한 물이 흐르고 양쪽 강변에는 갈대가 우거져 있
다. 강변의 자그마한 목제 데크 건너편에 이웃집처럼 빤히 보
이는 건물부터가 이스라엘 땅이다. 강변의 요르단 쪽에는 고
작 작은 그늘막 정도의 설비만 갖춰져 있을 뿐이지만, 이스라
엘 쪽에는 꽤 큰 현대적 건물이 들어서 있고 단체 순례객이
온천 관광을 온 듯 붐볐다. 종파를 불문하고 기독교인에게 유

∧ 예수의 세례 터와 요르단강은 이스라엘과 요르단 국경의 군사 시설 보호 구역 안에 있다. 이처럼 울창한 강변 숲을 지나서 가야 한다. ∨ 2000년 가까이 세월이 흐르면서 예수가 세례를 받은 장소는 지형이 바뀌어 메마른 웅덩이로 변했다.

∧ 자그마한 요르단 강변은 성스러운 물에 몸을 담그면서 예수 사역 당시를 체험하려는 순례자로 넘친다.

< 예수 세례 장소에는 당시의 이야기를 묘사한 그림판이 세워져 있다.

∧ 엘리야의 승천 이야기를 전하는 표지판. 베다니 지역은 성서 이야기가 얽힌 장소가 많다. 남은 것은 별로 없고 대개는 이처럼 표지 정도만 있다.

서 깊은 성지이다 보니 몇몇은 하얀 가운 차림으로 줄을 서서 경건하게 요르단강에 몸을 담그고 있었다. 중동 지방이긴 해도 겨울이라 물이 조금 차가웠지만, 이들은 개의치 않는 듯했다. 실제로 성직자가 인솔해 온 단체는 여기서 세례 의식을 하기도 한다. 한쪽에는 입술이 새파랗게 된 사람들이 젖은 몸에 서둘러 타월을 두르고 있었다.

돌아오는 길에도 먼발치에 표지판이나 작은 교회 건물이 보이면 무네르는 그곳에 얽힌 사연을 부지런히 설명해 주었다. 그 유명한 구약성서의 예언자 엘리야의 승천 이야기를 전하는 유적은 작은 표지석 하나뿐이다. 지금은 초라할 정도로 작은 기념물이나 흔적만 희미하게 남았지만 모두 성서에 나오는 유명한 사연이 깃든 현장이다. 오늘 스치듯이 방문한 장소는 대부분 먼 한국 땅에서 온 이방인에게도 설명이 필요하지 않을 정도로 친숙한 곳이었다. 무네르의 설명을 흘려들으면서 이런저런 생각에 잠겼다.

성지 순례라는 이름의 패키지 여행

성지와 관광지라는 두 얼굴을 지닌 이 땅은 오래전부터 많은 사람이 다녀갔다. 특히 기독교 신자인 유럽인의 방문 기록은 거의 2000년 가까이 거슬러 올라간다. 중세 시대 순례자의 모습은 어땠을까. 기독교라는 종교의 이름으로든 제국의 영토로서든 유럽의 역사적 흔적이 깊게 팬 이 땅에, 이들은 과연 무엇에 이끌려 그 먼 길을 왔을까? 실제로 이들이 경험한 순례 여행은 어떤 것이었을까?

요르단 땅에서는 성지에 배인 사연만큼이나 순례의 역사도 오래되었다. 로마 시절 기독교를 처음 공인한 콘스탄티누스 황제의 어머니 헬레나는 326년에서 328년 사이에 팔레스타인 전역을 순례하면서 베들레헴과 예루살렘, 시나이반도 등지에서 성지를 발굴하고 잇따라 교회를 세웠다. 이 때문에 헬레나는 가톨릭과 정교회, 성공회 등 여러 교파에서 성인으로 숭상되는 인물이다. 헬레나의 순례 직후인 384년에는 에게리아라는 귀부인도 시나이반도에서 지금의 요르단과 예루살렘까지 4년에 걸친 순례 후 그 기록을 남겼다.

십자군이 세운 예루살렘 왕국 시기에 이르면 순례자는 더욱 늘어났다. 특히 십자군이 예루살렘을 탈환한 후에는 귀족과 성직자뿐 아니라 일반 신자까지도 성지 순례길에 나섰다. 하지만 이들을 기다리고 있던 것은 이교도의 습격과 약탈의 위험이라 성지 순례는 목숨을 건 모험이었다. 그래서 얼마 후 십자군은 예루살렘에서 출발하는 모든 순례단에 기사단 10명을 호위대로 붙여 안전한 순례길이 되도록 조치했다. 이 순례자들도 아마 시간은 더 오래 걸렸겠지만 나와 비슷한 경로를 밟았을지도 모르겠다.

십자군이 세운 예루살렘 왕국이 멸망하고 성지가 아랍 세력에게 넘어간 후에도 순례자의 발길은 이어졌다. 지금 남아 있는 이 무렵의 몇몇 기록에서 매우 흥미로운 부분을 볼 수 있다. 1480년 이탈리아 밀라노 공국의 공무원이던 산토 브라스카는 성지 순례를 다녀온 후 이듬해 여행기를 출판했다. 당시 베네치아는 유럽인의 버킷리스트 1순위에 올라 있던 성지 순례를 조직적인 단체 관광 사업으로 발전시켰다. 시오노 나나미의 《바다의 도시 이야기》에서는 브라스카의 기록을 토대로 이 순례가 어떤 식으로 이루어졌는지를 소개해 준다.

브라스카는 1480년 4월 29일 고향을 출발해 먼 성지 순례길을 떠났다. 앞날을 기약할 수 없는 험한 여행인 만큼 무사 귀환을 비는 성당 미사와 친지들의 대대적인 배웅을 받은 후, 육로와 배를 번갈아 가며 5월 7일 베네치아에 도착했다. 여기서 6월 6일 배가 출항할 때까지 한 달 이상을 체류한다. 베네치아 정부는 이 기간에 순례객의 편의를 도모하고 관광 수입을 올릴 수 있는 다양한 제도를 마련해 놓았다.

우선 순례객이 도착하면 '트로마리아'라는 2인조 관광 요원이 나타나 숙소를 주선해 주었다. 숙소는 소박하고 저렴한 수도원 객실에서 고급 호텔까지 소득 수준별로 다양하게 구비되어 있었다. 이 요원들은 이튿날부터 순례자들을 여러 가게로 데리고 다니면서 여행 준비물 쇼핑을 도와주었다. 성지 순례를 위해서는 교황청의 성지 순례 인가서와 이슬람 현지의 통행 허가서가 필요한데 이러한 업무도 대행했다. 순례자 전용선 운용에서는 승선 인원 제한, 식사의 질 관리 등을 비롯해 사고나 사망 시 환급 제도까지 법률로 제도화되어 있었다. 순례 과정에서 서비스의 질이 부실하거나 업자와 부당 거래로 이익을 챙기는 공무원은 사형에 처할 정도로 베네치아 정부의 관광 정책 관리는 엄격했다.

배가 출항하기까지 기다리는 동안에도 순례객이 지루하지 않도록 여러 서비스가 마련되어 있었다. 당시 유럽인은 성유물에 대한 신앙이 강했는데, 이를 위해 베네치아 여러 성당에는 사도 시몬의 발뼈나 성 루가의 팔 등 성유물이 봉안되어 있었다. 베네치아는 다양한 축제 행사와 견학 거리도 갖추고 있었다. 국가원수인 도게의 궁전도 공무원의 안내하에 견학할 수 있고, 무라노섬의 유리 공방을 방문하는 사람도 있었다. 성 마르코 성당 등 화려한 교회뿐 아니라 유럽 최대인 조선소 역시 좋은 구경거리였다. 베네치아는 성지 순례의 출발지일 뿐 아니라 그 자체로도 구경거리, 놀 거리, 쇼핑 거리를 고루 갖춘 종합 관광 도시였다.

6월 6일 베네치아의 선착장을 출발한 성지 순례 전용선 콘타리나호는 아드리아해의 여러 항구와 크레타, 키프로스 등을 경유해 45일 만인 7월 20일 팔레스타인의 야파항에 도착했다. 여기서 순례자 무리는 통역 겸 가이드의 안내를 받아 예루살렘으로 향했다. 예루살렘에서 순례객들은 성서의 자취를 찾아 십자가의 길, 성묘 교회, 최후의 만찬장, 예수 부활 장소 등을 답사했다. 이들은 늘 가이드 겸 통역의 안내에 따라 단체로 움직였고, 저녁 시간이 되면 함께 묵는 숙소로 돌아왔다.

예루살렘에 체류하는 동안 10킬로미터 남짓 떨어진 베들레헴의 예수 탄생 성지도 다녀왔다. 순례자 중 일부는 예수가 세례를 받은 곳인 요르단강도 답사했다. 음식과 야영 준비까지 해야 할 뿐 아니라 도중에 도적을 만날 수도 있는 위험한 일정이었다. 먼 성지를 오가는 길에 예리코나 헤브론 등 성서의 인물과 연관된 장소도 방문했다. 물론 원하는 사람은 일정이 끝난 후 특별 코스도 추가할 수 있었다. 이들은 시나이반도와 알렉산드리아 등을 거친 후 이집트에서 다른 배편으로 베네치아로 귀환했다.

단체 순례객들은 야파 상륙 후 22일간의 일정을 마치고 귀로에 올라 72일 만에 베네치아로 돌아왔다. 4월 29일에 집을 떠나 11월 5일에야 고향에 돌아왔으니 반년이 넘는 긴 여행이었다. 여행 경로에 있는 지역의 정치 상황이나 바다 상태에 따라, 여행 기간은 대폭 늘어나거나 다소 줄어들기도 했다.

중세의 성지 순례자들이 오로지 종교적 신심만으로 그 먼 길을 떠난 건 아닌 것 같다. 브라스카가 남긴 여행기에는 아랍인의 바자르 풍경, 독특한 주택 지붕 모양, 복식과 생활방식 등 유럽인이 신기하게 여긴 온갖 사소한 이국적 풍광이 기록되어 있다. 지중해 항해 도중에 들른 키프로스섬에서는 오늘날의 동남아 단체 관광객처럼 현지의 다양한 과일 맛 순례에도 나섰고 비너스의 유적이나 소금밭까지 구경했다.

평생의 소망이자 많은 시간과 돈을 투자한 여행이기에 가능하면 다양한 체험을 해 보고자 하는 욕심이 들었을 수도 있다. 종교가 세상의 전부처럼 통하던 중세의 순례자가 거쳐 간 여행 경로를 들여다보면, 오늘날 예루살렘이나 요르단강에 몰려드는 단체 성지 순례객과 그리 다른 것 같지는 않다. 그때나 지금이나 순례와 관광의 경계는 모호하다.

다시 관광객으로

성지 순례 겸 관광 일정을 마치고 사해에서 하루를 느긋하게 마감하기로 했다. 지대가 낮은 탓인지 사해의 겨울은 마치 한국의 초여름 날씨처럼 뜨거웠고 햇살도 강렬했다. 물가에는 파라솔이 줄지어 설치되어 있고 수영객도 군데군데 보였다. 무네르가 안내한 현대식 리조트에서 늦은 점심을 했는데, 동남아 단체 관광처럼 뷔페식 점심이었다. 식사를 마친 후 수영복에 타월 차림으로 한적한 리조트 전용 해변으로 나갔다. 바다처럼 소금물로 된 곳이긴 해도 엄격히 말하면 사해는 호수다. 사해가 바다로 불리는 까닭은 고대 히브리어에 호수라는 단어가 없었기 때문이라고 한다. 그래서 짠물 호수인 사해는 당연히 바다고 민물 호수인 갈릴리 호수도 갈릴리 바다로 불렸다.

그냥 '맥주병' 수준의 수영 초보자도 몸이 둥둥 뜨고 선수처럼 내달릴 수 있다는 식으로 들어서 사해에서는 영화 〈혹성 탈출*Planet of the Apes*〉에서나 나올 법한 다소 이국적인 풍광을 기대했다. 하지만 부산 출신인 나에게는 그냥 평범한 해변에 들른 것 같아서 조금 싱거웠다. 사해에 누워 신문 보는 자세로 사진을 찍는 게 유행인 모양인데, 생각대로 자세가 잘 안 나왔다. 그 대신 당황해 허우적대다가 소금물에 얼굴을 들이박아 짠물만 들이켰다. 이 때문에 허리에 무리가 와서

남은 여행 기간 내내 고생했다. 사막의 겨울은 따뜻했지만 해가 기울면 기온이 급격하게 떨어졌다. 아무리 따뜻해도 겨울은 겨울인 모양이다.

요르단에서 나는 무엇을 보고 왔는가? 성지 순례든 관광이든 이 이국 땅을 방문한 사람이라면 모국의 시선으로 현지를 경험하게 된다. 방문자마다 흥미를 느끼는 장소도 달라지고 경험하는 바도 천차만별이기 마련이다. 할리우드 영화에 익숙한 서구인이나 한국인은 요르단 하면 페트라를 떠올린다. 어쨌든 한때 역사학자나 여행 덕후에게나 알려졌던 고대 유적을 전 세계 사람이 다 기억하게 된 것은 영화 〈인디아나 존스〉 덕분이 아닌가? 여행자는 방문지에서 자신이 보고 싶은 부분만, 자기 세계관대로 이해한다. 돌이켜보면 그동안 이슬람 국가를 꽤 많이 여행했는데도, 이슬람이나 그 성지, 성인에 대해 생각나는 바가 거의 없다는 것은 놀라운 일이다.

　나 역시 의식하지 못한 채 서구인의 시선으로 여행지를 다니고 경험했다는 생각이 들었다. 무엇보다 준비 과정에서 읽은 책이 모두 서구인의 시각에서 선별, 서술된 탓인 것 같다. 짐작건대 중동의 성지를 여행한 서구의 순례자나 여행자 중에서도 더러는 낯선 세계에 눈을 뜨고 새로운 문화적 깨달음을 얻고 돌아간 사람도 있겠지만, 아마 대다수는 유럽인으

< 사해의 물가는 그냥 보통 바닷가 해변처럼 평범해 보인다. 하지만 이 소금 호수에서는 수영을 못하는 사람도 몸이 둥둥 뜨는 체험을 할 수 있다.

로서 때로는 기독교인으로서 갖고 있던 세계관과 편견을 이곳에서 재확인하고 돌아갔을지 모른다. 이 점은 중세의 십자군이나 순례자뿐 아니라 지금도 마찬가지다.

좀 더 진지한 순례자 흉내를 내보려고 개별 여행을 선택했는데, 결국 안락하고 느긋한 관광객으로 마감한 듯하다. 장기간의 힘든 여행을 하지 않는 한 여기서는 방문자에게 선택의 폭도 그다지 넓지 않다. 중세의 순례자에게 성지 순례는 죽음을 각오한 모험이었을 것이다. 반면에 천년 전의 순례자라면 긴 시간 동안 고난과 두려움 속에 거쳤을 여정을 나는 단 며칠 만에 편안하게 돌아본 셈이다. 21세기 문명의 안락함에 길든 나에게는 아무리 배움이 크다 해도 모험으로 가득한 고행길보다는 편안한 관광이 더 좋다. 중세식 순례자의 체험은 그저 잠시 흉내만 내보는 정도가 딱 적당하다.

잃어버린 성지와 기사단의 최후

✝

로도스·보드룸·몰타

2

로도스 성벽 밖으로 보이는 북쪽 항구와 바다가
아름다운 엽서 같은 장면을 연출한다.

∧ 황혼 무렵의 발레타 구시가지 바닷가 풍경이 아름답다. 도시의 고풍스러운 분위기 때문에 몰타 전역은 중세를 배경으로 하는 영화들의 촬영지가 되었다.

드라마든 영화든 인기 있는 작품은 가끔 의도치 않게 결말부터 볼 때가 있다. 물론 김빠지는 일이긴 하지만, 종종 범할 수도 있는 실수다. 그런데 따지고 보면 이런 순서 바꿔 보기가 꼭 나쁜 것만은 아니다. 추리물이라면 무조건 처음부터 봐야 하겠지만, 다른 장르는 어떤 순서대로 보든 나름대로 즐거움을 준다. 여행도 마찬가지다. 중세 유럽에 흥미를 갖게 되었고 그중 십자군 운동을 주제로 유적 답사 여행을 해 보기로 결심했을 때도 비슷한 착오가 발생했다. 이스라엘 여행 일정이 이런저런 사정으로 틀어지면서 출발이 계속 미루어진 탓이다. 그래서 마치 결말이 먼저 나오는 역사 드라마처럼 십자군 운동의 긴 역사에서 최후에 해당하는 부분을 먼저 답사하게 되었다. 십자군 운동의 결말은 바로 로도스와 몰타였다.

1291년 십자군의 최후 거점인 아코가 무슬림 군대에게 함락되었다. 사실상 십자군 시대가 종언을 고한 것이다. 이 소식은 전 유럽을 잠시 충격에 빠뜨렸지만 그뿐이었다. 교회의 부름에 왕과 귀족이 한목소리로 호응하던 중세 시절은 끝

낳다. 아코 함락은 성지를 삶의 터전으로 삼고 있던 다양한 집단을 난민으로 내몰았다. 그나마 유럽에 근거지를 두고 있던 영주나 기사는 고향으로 돌아갔고, 나머지도 각자 살길을 찾아 뿔뿔이 흩어졌다. 그렇지만 오로지 성지 수호와 이교도 타도만을 평생 목표로 삼고 헌신의 삶을 살던 기사단은 갈 곳이 없어졌다.

성지에서 창설된 여러 기사단의 이후 경로는 제각각이었다. 성전 기사단Knight Templar은 고국인 프랑스로 돌아갔으나 프랑스 국왕의 음모에 말려 비극적 최후를 맞았다. 기사단은 해체되고 은퇴한 늙은 기사들까지 마녀사냥의 불길 속에 희생되었다. 튜턴 기사단Teutonic Order은 독일로 돌아가서 프로이센 지역의 영토 정복에 몰두하게 된다. 현재 폴란드 북부의 작은 도시 말보르크에 가면 튜턴 기사단이 남긴 거대한 성채를 지금도 볼 수 있다. 그 밖에도 규모가 작은 여러 기사단들은 흐지부지 이름도 없이 사라졌다.

이 중 가장 오래 살아남은 기사단은 성 요한 구호 기사단 Knights Hospitaller이다. 이들은 성지에서 밀려난 후 무대를 옮겨 수백 년을 더 존속하면서 활동했다. 아코 함락 후 키프로스로 잠시 피신했다가 1310년 터키 땅 바로 코앞의 섬 로도스를 근거지로 삼아 200년을 더 버텼다. 마침내 1522년 오스만 튀르크의 젊은 술탄 술레이만 대제는 10만이 넘는 대군 (20만 명이라는 주장도 있다)을 이끌고 로도스섬을 침공했다. 기사단은 기사 600명과 1,500명의 용병, 주민 3,000명만으로 대군을 맞아 끝까지 저항했으나 결국 패해 로도스섬을 내주었다. 그 후 기사단은 시칠리아의 메시나, 제노바, 니스, 비테르보 등지를 떠돌다가 마침내 서지중해의 외딴 섬 몰타에 자리를 잡았다.

어떤 극적인 사건은 사건 자체 못지않게 뒷이야기도 흥미롭다. 아코가 함락된 후에는 지켜야 할 성지도, 근거지도, 보호해야 할 순례자도 잃어버린 상황에서 기사단은 존재 의의를 찾기 어려워졌다. 시대는 빠르게 바뀌고 있어 기사단은 이제 과거에 얽매인 시대착오적 존재로 변해 가고 있었다. 하지만 이들은 새로운 땅에서 다시 한번 극적인 드라마를 연출하면서 자신의 존재를 화려하게 과시한 후 역사의 뒤안길로 사라졌다. 나는 한때 역사의 주인공이었다가 무대에서 밀려난 이들의 뒷이야기의 흔적을 찾아 나섰다.

특히 눈여겨보면서 답사한 곳은 주로 성 요한 구호 기사단의 흔적이었다. 하지만 실제로 십자군의 '유적'을 눈으로 확인하기까지는 꽤 오랜 시간이 걸렸다. 첫 만남은 그리스의 로도스섬이었다. 그 후 바다 바로 건너 터키 땅의 보드룸 성채, 그리고 마침내 시칠리아섬 부근의 몰타까지 성 요한 구호 기사단의 대표적인 자취를 차례로 답사해 나갔다.

첫 만남, 그리스 로도스

마침 그해 여름에는 그리스를 방문 중이었다. 뜨거운 햇살 아래 온갖 관광객 군상이 넘쳐나는 유흥지 산토리니섬을 떠나 로도스섬으로 가는 비행기에 홀로 몸을 실었다. 로도스는 터키 본토와 불과 18킬로미터 정도의 바다를 사이에 두고 있지만 그리스의 끝이자 유럽의 최고 변방에 위치한 섬이다. 마치 초라한 시골 버스 터미널을 연상시키는 산토리니 공항을 뒤로 하고 비행기는 활주로를 힘차게 날아올랐다. 좌우로 좌석이 두 개씩 배치된 조그만 프로펠러 비행기였다. 비행기가 제 궤도로 올라서자 웅웅거리는 나지막한 소음과 더불어 기분 좋은 미세한 흔들림 속에서 기체는 동쪽을 향해 날았다.

작은 창밖으로 하늘인지 바다인지 분간이 안 가는 짙은 푸른색이 펼쳐졌다. 1099년 1차 십자군이 기독교의 성지 예루살렘을 점령한 후 1291년 아코가 마지막으로 함락될 때까지 약 200년 동안 십자군과 순례자를 실은 배가 무수하게 다녔을 바로 그 바다다. 중세의 긴 시기 내내 사라센 해적과 이탈리아 도시 국가 해군이 때로는 종교의 차이를 빌미로, 때로는 경제적 이권을 놓고 격돌하면서 피를 뿌리던 살벌한 바다이기도 하다. 그 시절에는 목숨을 걸고 몇 주씩 걸쳐서 가던 그 험한 바닷길을 이제는 한 시간 만에 날아서 간다.

로도스 공항이 가까워지자 터키 본토에 바싹 붙어 있는 작은 섬이 보였다. 활주로에 내려 사방을 둘러보니 자그마한 터미널 때문에 주변이 더욱 황량해 보였다. 낯선 땅이지만 아직은 유럽의 경계 안에 있다는 생각에 왠지 모르게 느긋한 마음이 들었다.

구시가지는 공항에서 해안가를 따라 16킬로미터 떨어진 섬 북쪽 끝 지점에 있었다. 섬을 순회하는 시내버스에 오르니 30분도 채 지나지 않아 자그마한 시가지 안으로 들어섰다. 좁은 해변에는 사람들이 수영복 차림으로 느긋하게 누워서 지중해의 태양을 즐기고 있었다. 오래전 미국 중서부 소도시에서 유학 시절에 강가에서 일광욕하는 풍습이 익숙하지 않은 어느 유학생 청년이 '무말랭이' 같다고 한 기억이 났다.

호텔은 소박했다. 그냥 무미건조한 사각 콘크리트 건물이었는데, 지중해의 햇살 아래에서는 그것조차 멋있어 보인다. 햇살에 어울리게 모든 건물은 밝고 화려한 파스텔톤의 색으로 칠했다. 그 아름다움은 모양과 장식이 아니라 하늘과 바다가 어우러지는 색채의 조화, 그리고 지중해 사람 특유의 여유에서 느껴지는 것 같다. 로도스는 그리스어로 장미꽃의 섬을 뜻한다. 기사들은 사계절 모두 온화한 기후에 늘 푸른 이섬에서 200년 동안 생활하면서 천국과 같은 곳이라고 느꼈을 것이다.

호텔에서 나와 시가지를 가로질러 잠시 걷다 보니 갑자기

> 지중해의 날씨와 하늘에는 원색이나 파스텔톤의 색도 촌스럽지 않고 잘 어울린다.

세월의 흔적이 선명한 성벽이 눈앞에 나타났다. 해자와 아치형 성문, 방어 탑까지 갖춘 중세형 성채다. 성문 주변에는 투석기에 사용하던 둥근 돌 포탄이 널려 있었다. 여기가 바로 십자군 시절의 그 유명한 성 요한 구호 기사단의 본거지였다.

성 요한 구호 기사단은 1차 십자군이 1099년 예루살렘을 점령한 후 기존의 병원과 구호 기능을 수행하던 단체가 성지 수호와 순례자 보호를 표방하며 무장한 기사단으로 재창설된 것이다. 철사를 그물처럼 엮어 만든 사슬 갑옷 위에 붉은 바탕에 하얀색 십자가가 박힌 망토가 기사단의 상징이었다. 기사단 소속 기사는 일반 수도사처럼 청빈과 순결, 순종을 규율로 삼으면서도 유사시 적과 싸우는 군대 역할을 했다. 칼을 든 수도사의 단체였던 셈이다. 기사단은 기껏해야 500~600명 규모이지만, 일당백의 특수 부대 같은 군대로 적에게는 두려움의 대상이었다. 성 요한 구호 기사단은 유럽 각국의 귀족 출신 기사로 구성되었고 교황청 직속 조직으로 세속적 권력의 지배를 받지 않은 사실상 독립적인 다국적 군사 조직이었다.

성지를 이슬람 세력에게 하나둘씩 빼앗기고 마지막 보루인 아코까지 함락되고 난 몇 년 후인 1310년 성 요한 구호 기사단은 이곳 로도스섬을 점령해 새 거점으로 삼았다. 이 섬으로 본거지를 옮긴 후에는 원래 이름 대신에 로도스 기사단으로 불리기도 했다. 내 눈앞에 이 성벽은 1522년 기사단이

> 로도스 성채의 북쪽 입구 성 안토니오 문. 로도스성은 당시의 발전된 축성 기술을 담은 걸작품이다.

오스만 튀르크와 최후의 공성전을 벌인 바로 그 시절 모습을 비교적 온전하게 보존하고 있다.

이 성벽은 중세 기준으로 보면 사실 웅장함이나 볼품과는 거리가 멀다. 특히 터키 이스탄불 공항에서 시내에 들어갈 때 도심지를 가로지르는 거대한 비잔틴 제국의 성벽을 떠올려 보면 이 나지막한 성이 역사에 남을 치열한 전쟁터였다는 게 믿기지 않는다. 하지만 로도스 성벽은 최후의 격전이 벌어지던 당시에는 최첨단 축성 기술을 담은 걸작품이다.

이스탄불의 비잔틴 성벽은 외성과 내성, 해자까지 갖춘 삼중벽에 내성의 높이는 무려 15미터에 달했고, 수많은 성탑이 15미터에서 40미터의 높이로 솟아 있어 한때는 난공불락의 요새였다. 그러나 1453년 튀르크의 술탄 메흐메트 2세는 콘스탄티노플(현재의 이스탄불)을 함락시키고 천년 제국 비잔틴을 멸망시켜 유럽을 충격에 빠뜨렸다. 이 무렵 둥근 돌 포탄을 쏘아대는 대포가 등장해 전쟁 개념을 바꾸어 놓고 있었는데, 콘스탄티노플의 성처럼 얇고 높은 중세의 성벽은 이를 견뎌 내지 못했다. 로도스성 역시 초창기에는 콘스탄티노플의 성벽과 비슷한 방식으로 쌓았다. 하지만 당시 전쟁 기술이 무장 보병과 기마병 중심에서 포병 위주로 크게 바뀐 상황에서 오스만 튀르크가 새로 침공해 온다면 로도스성의 운명도 장담하기 어려웠다. 그래서 1513년부터 8년 동안 기사단장을

< 로도스 성채의 해자. 성채는 비교적 온전하게 보전되어 있으나 해자는 물이 말라 운동장이나 풀밭으로 변했다. 로도스성은 군사적 방어용에 초점을 두고 지었다는 사실을 여기저기서 깨달을 수 있다. 아래 사진은 기사단장 궁전으로 들어가는 입구의 성벽과 성탑이다.

∧ 기사단장 궁전의 내부는 현대에 와서 이탈리아 양식으로 개조되었지만 외부는 고딕식 볼트 등 전형적인 중세 건물의 구조를 유지하고 있다.

지낸 이탈리아 출신 파브리지오 델 카레토Fabrizio del Carretto는 당시로서는 첨단 축성 기술을 도입해 새로운 전쟁 개념에 맞게 성벽을 대대적으로 개축했다.

개축한 로도스성은 한마디로 성벽을 높이 쌓는다기보다는 땅을 깊이 판다는 개념에 따라 건설했다. 로도스성 외부에서 성벽에 점차 가까이 다가가면 처음 눈에 들어오는 부분이 바로 넓고 깊은 해자이고, 그 너머로 나지막한 성벽이 가로막고 있다. 지금은 물도 말라 버리고 흙이 쌓인 녹지대로 변해 그리 깊어 보이지 않지만, 건축 당시에는 이 해자가 폭 20미터에 깊이 20미터에 이르렀다. 성벽은 높이를 낮추는 대신 더 두껍게 쌓았다. 로도스를 공략하는 적은 수비대와 거의 엇비슷한 눈높이에서 공격하게 되므로, 포격의 파괴력 역시 대폭 감소할 수밖에 없었다. 축성 당시 기준으로는 두껍고 높기로 유명했던 콘스탄티노플 성벽조차도 5미터 두께에 불과했는데, 이에 비해 로도스성은 성벽 위 통로의 폭이 10미터에 달했다. 내성 안쪽에는 벽을 더 보강해 두껍게 하고, 해자 안에는 외벽을 추가했다. 해자 안쪽이나 내성 안쪽에도 흙으로 덮어 포탄이 떨어질 때 위력을 줄이도록 했다. 성벽 군데군데에는 반원형으로 튀어나온 성탑이 배치되어 있다. 콘스탄티노플 방벽의 사각형 탑에 비해, 반원형 성탑은 수비병의 동선이 넓어 외부의 적을 공격하기에도 더 편리했다.

이처럼 나지막하고 두터운 성은 중세 성 특유의 웅장함이나 멋스러움과는 거리가 멀다. 심지어 로도스 기사단의 일부 프랑스인 기사들은 이처럼 볼품없는 성벽에서는 전투 의욕이 들겠느냐면서 노골적으로 불만을 터뜨리기도 했다. 그렇지만 당시의 첨단 축성 기술을 적용한 이 성은 적은 병력으로 튀르크군의 공격력을 최대한 무력화할 수 있는 최선의 방안이었다.

성은 로도스섬 북쪽 해안가에 자리 잡은 만큼 현재 사람들이 드나드는 성문은 북쪽을 향하고 있다. 그중 북서쪽의 성 안토니오 문으로 들어서니 왼쪽으로 기사단장의 '궁전'이 보였다. 겉으로 보기에는 궁전이라기보다는 성채 안의 또 다른 거대한 요새 같았다. 물론 이곳에 자리 잡은 지 200여 년이 지난 1522년 로도스가 오스만에게 함락될 때 큰 손상을 입었고 이후에도 폭발 사고로 심각한 수준으로 파괴되었지만 나중에 복원되었다. 흥미롭게도 20세기에 들어와 이 궁전을 복원한 사람은 이탈리아의 독재자 무솔리니였다. 1921년 이탈리아는 튀르크와의 전쟁에서 전리품으로 로도스섬을 손에 넣었다. 그리고는 섬 전체를 이탈리아식으로 개조하는 작업에 착수했다. 파괴된 궁전을 무솔리니와 에마누엘레 3세의 여름 궁전용으로 재건했기에, 외벽은 중세풍을 그대로 살렸지만 인테리어는 화려한 이탈리아식으로 꾸몄다.

언뜻 보기에는 700년 전 중세풍인 이곳 로도스성 역시 그리스 도시 국가와 로마, 오스만 시절, 20세기 현대사 등 역사의 흔적이 층층이 쌓여 있다. 그리스 시대에는 고대 7대 불가사의 중 하나인 로도스의 거상이 바로 여기에 있었다. 호메로스의 《일리아드》에 따르면 로도스인은 트로이 전쟁에도 그리스군의 일원으로 참전했다고 한다. 스쳐 지나가는 바람에 유서 깊은 유적에 얽힌 이야기들을 일일이 짚어 보지 못한 것이 못내 아쉽다.

궁을 나오면 돌로 포장된 (당시 기준으로는) '비교적' 넓은 도

∧ 기사의 거리에 있는 옛 건물은 은행이나 가게 등 다양한 용도로 사용되고 있다.

기사의 거리를 따라서 당시 기사단의 숙소와
주요 건물이 늘어서 있었다.

로가 동쪽으로 이어진다. 이 도로는 '기사의 거리'라고 불리는데, 길 양쪽에는 기사관이 늘어서 있다. 성채에서 중요 시설은 모두 북쪽 성벽 가까이 몰려 있는데 기사와 귀족들은 이 구역에서 생활했다. 이 기사의 거리는 프로방스, 오베르뉴, 프랑스, 아라곤, 이탈리아, 잉글랜드, 독일 등 7개 구역으로 나누어져 있다. 기사단이 유럽 각국의 귀족 출신으로 구성된 만큼 조직이 7개 언어 군별로 구성된 탓이다. 물론 당시 유럽에서 그랬듯이 기사의 출신국과 무관하게 기사단의 공식 언어는 라틴어였고 일상에서는 모두 프랑스어를 사용했다. 흥미롭게도 이 언어별 집단 구분에서 프랑스는 지역별로 세분화된 반면, 북유럽은 모두 '독일'이라는 무리에 다 들어가 있었다. 거리는 구역이 바뀔 때마다 지역별 개성에 따라 건물 양식이나 장식이 조금씩 달라졌다. 당시에는 이 건물을 숙소를 뜻하는 '오베르주auberge'라 불렀는데, 수도원처럼 공동생활을 한 흔적이다.

기사의 거리는 생각보다 깨끗했다. 고색창연한 석조 건물에는 은행이나 부티크 같은 현대적 시설이 입주해 있었다. 7개 구역 중에서도 가장 화려하고 눈에 띄는 건물이 프랑스인 숙소다. 잠시 걷다 보니 불과 500미터도 채 되지 않을 짧은 거리가 끝나는 곳에 작은 광장이 나오고 주변에는 박물관이 몇 개 모여 있었다. 성 요한 구호 기사단의 본업인 병원도 이 부근에 있었다. 광장 한편에는 작은 분수대가 있고 그리

∧ 기사의 거리가 끝나는 지점의 광장에는 작은 분수대가 있다.

∧ 황혼의 교회 폐허. 중세의 고딕 성당은 허물어져 아이들의 놀이터로 변했다.

스 시절의 아프로디테 신전 터도 보인다. 고대 그리스 전성기 시절 로도스섬에는 한때 린도스, 이아리소스, 카메이로스 등 유력한 도시 국가 세 곳이 자리 잡고 있었는데, 지금은 초석과 일부 기둥만 남아 그리스인이 활개치던 시절에 대한 상상력을 자극한다.

거리를 쏘다니다 보니 해가 서서히 떨어지기 시작했다. 허물어진 건물 터가 저녁노을을 받아 붉게 물들었다. 벽이나 지붕은 대부분 사라졌지만 주춧돌이나 정문, 공간 배치에 중세 고딕식 교회의 전형적인 흔적이 뚜렷이 남아 있다. 지금은 아이들이 공을 차는 놀이터로 변했다. 폐허가 된 유적은 가끔 그 텅 비어 있는 자리를 배회하던 사람들의 삶을 그려 보면서 상상력으로 채울 기회를 준다.

인근 식당에서 그리스식으로 저녁을 했다. 그냥 샐러드와 홍합 요리인데 이름만 그리스식이라고 붙어 있다. 현지인이 들으면 펄쩍 뛰겠지만, 특히 점심 때 먹은 기로스 피타는 터키의 케밥과 거의 비슷해 보였다. 수백 년간 오스만 통치하에 하나의 나라로 뒤섞여 살다 보니 이름은 그리스식이지만 외부인에겐 터키식과 구별이 잘 안 될 때가 많다. 그리스인은 기독교인이라는 점에서 유럽인과 공통점이 있지만 문화적으로 튀르크인과 유사한 부분이 적지 않았다. 기사단 최후의 공성전이 벌어졌던 1522년 당시에도 그리스인은 튀르크군과 기사단 양쪽 편에 모두 참가해서 싸웠다. 국가와 민족의 경계는 오늘날의 시각일 뿐이다.

지중해의 뜨거운 여름 햇살이 수그러들면서 시원한 공기가 부드럽게 피부로 느껴졌다. 바깥에는 저녁 어스름과 함께 하늘색이 점점 더 짙어지고 있었다. 특히 황혼은 여행자에게 이유를 알 수 없는 감상에 젖게 한다. 지중해의 노을은 쓸쓸하면서도 평화롭고 아름답다. 한낮의 햇살이 청년이라면 노을은 노년의 빛과 같은 듯하다. 정말 천국과도 같은 날씨다. 로도스의 기사들은 이 섬을 상실하고 떠난 후에도 오랫동안 슬퍼하며 그리워했다고 한다. 지중해의 강렬한 노을을 보면서, 이곳의 삶이라면 아마 나도 평생 잊을 수 없을 것 같았다.

다음 날 아침 눈을 떴을 때 몹시 피곤했다. 더위 탓일 수도, 그간 쌓인 피로 때문일 수도 있다. 지중해 라이프스타일이라면 밤늦게까지 와인과 파티를 즐기거나 밤의 공기를 만끽하다가 느지막하게 일어나는 것이 잘 어울린다. 로마에서는 로마인처럼 행동하라고 했거늘, 번역하자면 그리스에서는 늦게 일어나는 것이 어울리는 처신일 것이다.

해가 중천에 떴을 무렵 호텔을 나서 다시 성안으로 들어갔다. 화요일과 토요일 오전에만 성벽을 개방한다고 했기 때문이다. 운 좋게도 성벽 입장권을 거의 막차로 끊어 성벽에 올라 구도심과 성 밖을 내려다보면서 천천히 걸었다. 성벽 위는 웬만한 도로에 버금갈 만큼 널찍해 로도스 공방전 당시 성벽의 두께를 짐작할 만했다. 성벽은 도심 전체를 감싸면서 이어졌고, 동북쪽 성벽은 항구로 통했다. 성벽 구간은 절반 정도만 방문자에게 개방되어 있었다. 오래전에는 항구 입구의 바다를 감싸는 외벽도 있었다는데, 이제는 사라지고 그 자리에는 현대식 페리만 들락거리고 있다.

기사단장 궁전이 있는 기사 구역을 지나 성벽을 따라 남쪽을 향해 걸으면 오라Hora라고 불리는 무슬림 구역이 나온다. 여느 중동 도시처럼 미나렛이 높이 솟은 모스크도 있고, 오래된 아랍식 주택도 줄지어 있다. (미나렛은 모스크의 부속 건물로 본 건물을 에워싸고 있는 뾰족하고 높은 첨탑을 말한다. 매일 아잔 전담자

∧ 성벽에서 내려다본 구도심. 성벽을 따라 걸으면 아직도 주민들이 살고 있는 구도심의 낡고 소박한 건물과 골목길이 내려다보인다.

가 꼭대기에 올라가 기도 시간을 알리는 용도로 사용된다.) 이 구역 다음엔 유대인 구역도 어깨를 맞대고 있다. 기사단이 점유하고 있던 당시 성안에는 유럽인과 그리스인, 유대인이 뒤섞여 살았다. 그 후 튀르크의 지배하에 들어가면서 주민 구성이 더 다양해진 듯하다. 중세의 유산인 줄 알았던 이 그리스섬은 기독교인 기사만의 공간이 아니라 아랍인과 유대인, 비잔틴 시절 근동 지역의 온갖 종족의 도시이기도 했음을 느낄 수 있

115

북쪽 성벽 바깥은 항구가 있는데 대형
여객선이 정박한 모습이 보인다.

∧ 항구 쪽의 마리나 성문은 원형의 두 방어 탑 사이로 나 있다. 성문 위에는 아직도 십자군 시절의 조각과 문장이 남아 있다.

< 북쪽 성벽은 바닷가까지 이어져 있는데, 고풍스러운 성벽과 바다, 선박 등이 의외로 잘 어울린다.

었다. 지중해의 뜨거운 햇살 아래 허물어진 집도, 낡은 주택도 곳곳에 핀 원색의 꽃과 함께 묘하게 어울려 보였다. 인근에는 비잔틴 시절의 건물 터임을 알리는 표지판이 붙어 있었다. 이렇게 아름답고 평화로운 곳이 1522년의 피비린내 나는 전쟁터였다는 사실은 실감이 되지 않았다.

∧ 성안 옛 도심의 골목길. 성안의 골목길 곳곳은 낡은 주택과 화려한 꽃이 어울려 군데군데 아름다운 풍경을 만들어 낸다.
< 항구 쪽에는 외성의 일부가 외딴 섬처럼 남아 있다. 성 위에는 등대가 들어섰고 대형 여객선과 요트가 정박해 있다.

소아시아의 교두보 보드룸

로도스 시절 성 요한 구호 기사단의 흔적이 로도스섬에만
남아 있는 것은 아니다. 기사단은 로도스에 본부를 두었지
만 인근의 섬과 육지 쪽에도 요새를 쌓고 군대를 주둔시켰
다. 로도스섬에서 배로 서북쪽을 향해 50킬로미터 정도 가
면 지금은 그리스 땅인 코스섬과 육지 쪽의 보드룸이 좁은
바다를 사이에 두고 마주 보고 있다. 특히 보드룸에는 험준
한 해변 절벽 위에 요새가 바다를 바라보면서 높이 솟아 있
다. 여기서 다시 50킬로미터 정도 더 서북쪽에는 레로스섬
이 있는데, 여기에도 기사단은 소규모 부대를 두고 튀르크
측의 동향을 감시했다.

이 지역에서 기사단이 이렇게 배치된 데는 이유가 있다.
로도스섬으로 본거지를 옮긴 후 기사단은 이교도를 공략하
는 데 주력했다. 상선이든 군선이든 튀르크의 배만 보면 공격
해서 물품을 탈취하고 포로를 잡는 것이 기사단의 주 활동이
었다. 당시 튀르크는 대제국이면서도 유목 민족 출신인 탓에
바다에 매우 취약했고, 국위에 걸맞는 해군도 갖추지 못했다.
이스탄불에서 시리아, 팔레스타인, 멀리는 이집트로 가는 배
는 험한 파도를 피해 주로 소아시아 해안을 따라서 항해했다.
에게해는 한국의 남해안처럼 해안선이 구불구불한 다도해
모양으로 되어 있어, 육지 해안선과 근해 섬 사이의 잔잔하고

얕은 바다로 배가 지나다녔다. 기사단은 레로스에 소수의 척후병을 두고 이들이 튀르크의 배를 발견한 후 봉화를 올리면 인근 코스와 보드룸의 함대가 출항해 배를 공격했다. 이런 이유로 성 요한 구호 기사단이 장악한 로도스섬과 인근 요새들은 이슬람 세계의 턱 밑을 위협하는 칼날 같은 존재였다.

로도스를 떠나 바다 건너편 터키 땅인 마르마리스로 들어가는 날이다. 로도스 공방전 때 튀르크군의 수많은 배가 마르마리스와 이 섬 사이를 오가면서 군대와 물자를 실어 날랐다. 출항 예정 시간보다 훨씬 일찍부터 나와 부둣가를 어슬렁거렸다. 로도스 맞은편 육지는 고작 18킬로미터에 불과할 정도로 지척인데, 왠지 유럽을 벗어나 미지의 세계로 들어가는 느낌이 들었다. 선창가에는 낯익은 그리스식 풍차가 느릿느릿 돌아가고 있었다. 이 섬에서는 가는 곳마다 그리스 특유의 여유로움이 넘쳐 보였다.

마르마리스행 승선권을 끊은 후 서성거리다 보니 드디어 출항 시간이다. 명색이 한 나라의 국경을 벗어나는 출국장인데 허술하기가 짝이 없다. 부산에서 거제도나 통영 가는 배편에 오르는 것처럼 절차는 간단했다. 대기실에는 면세점도 있었다. 저렴한 기념품이나 술, 담배를 파는 구멍가게 수준이었다. 페리에 오르니 국제선이긴 하나 짧은 노선이라 선내는 별도의 객실도 없이 탁 트인 거대한 대기실 같은 구조였고 승객들은 동네 시장에나 다녀오는 주민처럼 편안한 옷차림을 하

∧ 항구의 그리스식 풍차. 지금은 사용하지 않는 풍차지만 덕분에 그리스다운 분위기를 물씬 풍긴다.

고 있었다.

한 시간이나 지났을까, 벌써 터키 땅인 마르마리스에 배가 도착했다. 나에겐 첫 중동 국가이자 이슬람 국가 방문이었다. 알파벳으로 표기하기는 했지만 전혀 해독이 안 되는 터키어 표지판이 여기저기 보였다. 여기서부터는 교통편 정보조차 책에 나와 있지 않아, 눈치껏 목적지를 찾아가야 했다. 터미널에서 나오니 택시가 줄줄이 대기하고 있었다. 마침 젊은 커플이 영어로 말을 걸어오길래 오토갈(시외버스 터미널)까지 택시를 합승했다. 여기서 다시 내륙 도시 물라로 가는 버스를 탔다.

물라Mugla는 조용하고 깨끗한 도시였다. 외국인 관광객이 여기까지 온 적이 없는지 만나는 사람마다 호기심 어린 눈빛에다 친절 공세를 던졌다. 하룻밤 예약해 둔 호텔에 체크인을 한 후 산책을 겸해 간단한 시가지 구경을 나섰다. 9시가 넘어서 호텔로 돌아가다 보니 아직 관광안내소에 불이 켜져 있었다. 담당 직원들이 친절하게 지도나 소책자 등을 잔뜩 챙겨 주는데 터키어로만 씌어 있어 아쉬웠다. 관광지와는 거리가 먼 지방 도시의 관광안내소 같았다.

한밤중에 이웃 모스크에서 아잔 소리가 낭랑하게 울렸고 그 바람에 잠이 깼다. 낯선 이슬람 관습 덕분에 평소보다 일찍 일어나 식당의 넓은 홀에서 혼자 아침을 먹었다. 시미트라는 터키식 빵을 처음으로 맛보았다. 가운데 구멍이 뚫려 있어 꼭 홀라후프처럼 생겼는데, 모양은 낯설어도 맛은 괜찮았다. 터키를 떠나는 날까지 내내 이 빵을 주식으로 먹었다.

터키에 온 첫날에는 빵뿐 아니라 오가면서 만나는 모든 것이 생소했다. 서구인이나 한국인에게 모두 낯선 종교적 관습뿐 아니라 얼굴 생김새, 옷차림, 음식이나 풍습 등 사소한 것에서도 이러한 감정을 자주 확인하곤 했다. 이 이국적인 땅에서 느끼는 낯섦은 그리스 로도스에서 경험한 낯섦과 좀 달랐다. 유럽을 벗어났다는 선입견 때문이 아닌지 모르겠다.

∧ 물라의 한적한 주택가 골목을 걷다 보면 오스만풍의 건물을 자주 볼 수 있다.

800년 전 십자군이나 순례자로서 중동 땅을 처음 밟은
유럽인이 모든 면에서 낯선 풍경과 풍습에 어떻게 반응했을
지 궁금했다. 낯선 세계에 대한 불편함은 막연한 두려움으로
손쉽게 이어진다. 아마 이러한 차이와 낯섦에 대한 불편함이
없었다면, 십자군의 깃발을 들고 성전에 참여한 평범한 중세
사람들이 이교도에게 서슴지 않고 잔혹하게 행동할 수는 없
었을 것이다. 군인이 아니라 평범한 사람들도 이방인에게는
경계심과 친절이라는 모순된 태도를 동시에 취하기도 한다.

∧ 이슬람 사원과 작은 가게들이 들어서 있는 골목은 아주 평화로운 모습이다.

이는 모두 친숙하지 않은 존재에 대한 불편함에서 비롯한다.

호텔에서 체크아웃한 후 도시 구경을 나갔다. 관광객 한 명 없이 조용하고 평화로운 터키 소도시의 일상을 보는 듯했다. 시골 마을을 방문했을 때처럼 사람들은 순박하고 친절했고, 낯선 외국인에 대해 호기심 어린 눈빛을 보이곤 했다. 동네 어귀의 공터에는 풍채 좋고 나이 지긋한 남성들이 한가하게 모여 있었다. 느긋하게 기대어 신문 읽는 사람, 체스판 주위에 둘러앉아 훈수를 드는 듯한 중년 남성들도 있었다. 그

∧ 붉은색 지붕을 얹은 흰색 건물들이 푸른 하늘과 그림같이 잘 어울린다.

사이를 어린 남자아이가 "차이! 차이!"를 외치며 열심히 차를 배달했다. 아마 아시아에서 유래했을 이 음료는 터키뿐 아니라 중동과 중앙아시아에 이르기까지 가는 곳마다 접하게 된다. 주중의 오전 시간에 목격한 이처럼 한가로운 풍경은 대도시의 바쁜 생활에 익숙한 나에게는 잊고 있던 오래된 기억을 되살려 주었다. 낯선 땅에서 느끼는 어색함과 아련한 추억의 친숙함 사이의 경계가 어딘지 모르겠다.

골목길을 따라 옛 동네 언덕을 천천히 걸어 올라가니 사

∧ 편안한 차림의 주민들이 오가는 옛날풍의 주택가 거리.

진에서만 보던 전형적인 오스만식 건물이 들어선 주택가가 나왔다. 손바닥만 한 지도에는 부근에 시립 박물관이 있다고 나와 있어, 찾아서 들어갔더니 방문자가 나 혼자뿐이었다. 느긋하게 망중한을 즐기던 관리인은 난데없이 먼 아시아에서 온 외국인을 맞아 들뜬 것인지 분주했다. 관리인은 영어로 된 꽤 두툼한 책자 두 권까지 포함해 이것저것 주섬주섬 챙겨 주면서 친절을 베풀었다.

전시물은 각 시대의 유물을 체계적인 '전시'라는 개념도

없이 중구난방으로 모아 놓은 식이었다. 전형적인 그리스의 코린트 기둥 조각도, 로마나 비잔틴 시대의 대리석 인물상, 중세의 방패 문장, 아랍어로 된 비석도 야외에 거의 방치 수준으로 널려 있었다. 특히 로마 시대 검투사 관련 전시물이 꽤 많이 있었는데, 다른 데서는 볼 수 없는 귀중한 컬렉션이었다. 이처럼 엄청난 소장품이 이런 대접을 받고 있다는 게 좀 의아했다. 나에게는 매우 흥미로운 전시물이었지만, 여기서는 그냥 과거에 이 땅을 스쳐 간 수많은 외세의 흔적 중 하나로만 여기는 것은 아닌가 싶었다. 대개 박물관에는 전시물로 선택되지 못하고 수장고에 처박혀 있는 유물이 더 많다. 박물관에서 전시물의 선정과 배치는 그 나라가 과거를 어떻게 이해하고 의미 부여하는지 힌트를 준다. 이 박물관 수장고에는 어떤 것이 있을지 궁금했다.

다시 오토갈에서 보드룸으로 가는 버스에 올랐다. 두 시간 정도 고속도로를 달리니 보드룸이 왼쪽 창가로 보이기 시작했다. 멀리 해변의 나지막한 언덕에 고색창연한 성벽이 웅장한 모습을 드러냈다. 보드룸 시외버스 터미널에 도착해 차에서 내리니 엄청 더웠다. 보드룸은 터키에서 한때 죄수 유형지로나 쓰일 정도로 황량한 땅이었다. 하지만 1980년대와 1990년대에 관광지로 개발되기 시작해 지금은 부산의 해운대 같은 인기 휴양지로 통한다. 물라에서도 만나는 사람마다 내게 보드룸에 갈 건지 물었다.

< 오스만풍의 시립 박물관에는 각 시대의 흥미로운 유물이 소장되어 있는데, 야외에 방치되다시피 전시되어 있다.

보드룸에서 유명한 유적으로는 십자군 성채와 모솔리움이 꼽히는데, 형체가 그나마 온전하게 남아 있는 곳은 보드룸 성밖에 없다. 모솔리움은 BC 4세기 이 지역에 있던 카리아 왕국의 마우솔루스왕의 무덤인데, 고대에는 세계 7대 불가사의로 꼽힐 정도로 웅대한 건축이었다. 그 후에도 무려 1900년 동안 끄떡없이 그 자리를 지키고 있었다. 그런데 1522년 이 지역을 장악한 성 요한 구호 기사단이 보드룸 요새를 짓기 위해 모솔리움을 허물어 건축 자재로 사용했다. 이렇게 해서 고대의 기적 중 하나가 어처구니없이 사라졌다. 지금은 그냥 주춧돌 정도만 남고 폐허에 팻말만 덩그러니 있는 수준이다. 아침에 호텔 직원에게 모솔리움에 간다고 했더니 손사래를 치면서 말렸다. 이제야 이유를 알 것 같다.

2000년의 유산을 과감히 무너뜨린 야만적 행동이 무지의 소산인지, 아니면 이교도 유산에 대한 중세 기독교인다운 적개심 때문인지는 알 수 없다. 그러나 상상해 보면 귀족이라고 해도 기사들은 거칠고 무지한 군인에 불과했고, 이교도에 대한 적대적 태도는 폐쇄적인 중세 시대의 수도사다운 일이었다. 이들은 딱 중세 시대 기사의 수준에 맞게 판단하고 행동했을 뿐이다. 순수한 종교적 열정은 대개 무지, 배타성, 증오와 짝을 이룬다.

바닷가로 나가 멀찌감치 보이는 성채를 향해 걸었다. 터키에서도 대표적인 휴양지답게 거리마다 인파로 가득했다. 해

> 바다 쪽에서 보면 보드룸 성채는 성탑과 성벽을 비교적 온전하게 보존하고 있음을 알 수 있다. 성 꼭대기에는 터키 국기가 나부끼고 있다.

변에는 정박해 둔 요트가 한가롭게 줄지어 있었다. 해변 모래사장으로 나가 보려 했더니 어딜 가도 바다가 보이지 않았다. 바닷가 쪽은 가게나 식당이 모두 점령해서 사람들이 해변을 밟을 틈조차 없을 지경이었다. 유명 휴양지답게 난개발의 극치였다. 하는 수 없이 해변을 포기하고 다시 보드룸 십자군 성채를 향해 발걸음을 돌렸다.

멀리 버스에서 바라보던 성채는 그림과 같았는데, 막상 성문을 들어서고 나니 딱히 인상적인 곳은 없었다. 기사단 시절에 로도스를 방어하기 위한 육지 쪽 보조 요새로 건설되었으니 아무래도 군사적 실용성 위주로 지어 건축적 아름다움과는 거리가 있었을 것이다. 그나마 여기도 그 오랜 세월의 무게를 이겨낼 수는 없었다. 이슬람 국가인 터키 입장에서는 이교도인 기독교 '침략군'의 유적이니 크게 신경을 쓰지 않았을 수도 있다. 보드룸은 로도스 기사단에게는 전략적으로 중요한 군사 거점이었지만, 기사단이 철수한 후 튀르크 세력에게는 무용지물이었을 뿐이다. 그래서 이 성은 오랜 세월 허물어진 상태로 방치되었는데, 특히 1차 세계 대전 때 폭격으로 크게 훼손되었다.

하지만 성채는 지금은 적어도 겉모양만은 그 시절에 가깝게 복원한 상태다. 1960년대까지 이 성은 해양 고고학자들이 수중에서 발굴한 유물을 보관하는 창고 구실을 했다. 그러다가 1986년 정식으로 세계 유일의 해양고고학 박물관으로 재

> 보드룸시는 잔잔한 지중해를 낀 평화로운 휴양 도시일 뿐이다. 원래 성당 첨탑이 있던 자리에는 미나렛이 서 있다.

∧ 보드룸 성안에 전시된 그리스-로마 시절에 사용되던 암포라.

단장해 문을 열었다. 성문을 들어서면 바다에서 건져 올린 각 시대의 조각이나 그리스-로마 시대의 항아리인 암포라가 따개비가 덕지덕지 붙은 상태로 전시되어 있다. 사실 체계적인 전시라기보다는 보관이나 방치에 가까운 수준이라서 성 안을 산책하는 기분으로 그냥 건성건성 돌아보았다.

이 성을 건축할 당시 기사단은 적은 숫자로 외부 침공을 방어하는 장치로 활용할 수 있도록 설계했다. 그래서 가능하면 바닷가 쪽 절벽의 험한 지형을 그대로 살리고, 방어용 해자도 추가했다. 거의 난공불락 수준으로 요새를 건설했는데, 정작 성능을 실험해 볼 기회는 한 번도 없었다. 로도스섬이 함락되자 육지 쪽의 요새는 더 이상 쓸모가 없어졌다. 그래서 보드룸을 지키던 군대도 성을 버리고 철수할 수밖에 없었다. 성채 여기저기에 남은 서유럽풍 기사들의 문장만이 이 성이 당시 기사단의 근거지였음을 말해 준다. 기사단 구성원의 다국적 성격을 보여 주는 흔적도 있다. 성벽 요소요소에 들어선 성탑에는 로도스섬 기사의 거리처럼 독일 탑, 이탈리아 탑, 프랑스 탑, 영국 탑 등 기사의 출신 국적별로 이름이 붙어 있었다.

이제 성채에는 십자가 문양의 기사단 깃발 대신에 대형 터키 국기가 나부꼈다. 교회가 있던 자리에는 고딕식 첨탑 대신에 미나렛이 솟아 있다. 바다를 향한 요새인 만큼 성벽 위에 서면 도시와 바다가 한눈에 들어왔다. 짙푸른 하늘과 에메랄드 빛 바다가 나지막한 푸른 산, 하얀 요트 등과 어울려 그림 같은 풍경을 이룬다. 보드룸 성채는 한때 전쟁의 위협이 늘 감돌던 군사 기지였으나 지금은 지중해 해변 소도시의 나른하고 조용한 휴양지가 되었다.

호텔로 돌아오는 길에 시장을 지나다 보니 형형색색의 향료를 파는 가게가 눈에 띄었다. 십자군 원정대에 참여한 유럽인 중에는 바로 저 향료 거래로 일확천금을 노린 상인들도 있었다. 지금은 너무나 흔한 양념에 불과하지만, 중세인에게 온갖 향료는 황금만큼이나 값비싸고 귀중한 보물이었다. 예컨

∧ 십자군이 성을 버리고 떠난 지 근 500년이 지났지만 보드룸성에는 아직 중세 시절의 기사 문장들이 여기저기 남아 있다.

대 14세기 베네치아에서 향신료 가격을 보자. 생강 500그램은 양 한 마리와 비슷했고, 후추 한 줌은 황소 반 마리, 양 한 마리 값에 달했다. 후추는 한 알 단위로 거래될 정도로 고가 품목이었으며 세금이나 집세를 내는 화폐로도 사용됐다. 멀리 인도나 아시아 지역에서 생산한 향료는 아라비아 상인의 낙타에 실려 중동 지중해변 도시로 모였고 이탈리아 상인들은 여기서 향료를 구입해 유럽 전역에 고가로 내다 팔았다. 기록에는 향료 거래 가격이 생산 지역의 40배를 넘는 수준이었다고 하니 엄청나게 수익성이 좋은 사업이었다. 성지는 신심 깊은

∧ 보드룸 시장에서 본 형형색색의 향료. 중세 시대 향료는 금은보화처럼 귀한 상품이어서 많은 상인들이 일확천금을 노리고 십자군 원정에 참여했다.

기사에게는 평생의 영적 소명이었지만, 상인들에게는 일확천금의 기회가 눈앞에 아른거리는 신천지였다.

이 엄청난 이익을 위해 상인들은 무슬림 세력과 손을 잡거나 같은 기독교인 세력과 전쟁을 벌이는 일도 마다하지 않았다. 로도스의 기사단은 무슬림 상선 약탈을 주업으로 삼았는데, 금은보화가 아니어도 그 정도로 고가의 물품이 바다 위를 오갔다면 생사를 걸고 싸울 만했을 것이다. 향기로운 향료에는 오랜 세월 수많은 사람이 흘린 피비린내가 배어 있다. 호텔로 돌아오는 길에 과일 가게에서 체리와 사과를 샀

다. 한입 베어 물자 지중해의 뜨거운 햇살을 머금은 풋풋한
과일 향이 났다.

기사단의 최후, 몰타

기사단의 그 후 파란만장한 이야기도 로도스의 최후만큼이
나 흥미롭다. 로도스에서 보고 들은 이야기는 여운이 꽤 오
래갔다. 기사단의 뒷이야기를 직접 눈으로 보고 현장에서
느껴 보고 싶었다. 로도스를 방문한 지 2년 후에야 마침내
로마 방문 일정에 몰타를 끼워 넣을 수 있었다.

　심리적으로는 머나먼 미지의 땅이었으나 막상 로마에서
몰타까지는 항공으로 1시간 반밖에 걸리지 않을 정도로 지
척이었다. 비행기에서 내려다본 몰타는 생각보다 훨씬 작았
다. 상공에서 내려다보니 나라 전체가 한눈에 들어왔다. 명색
이 한 나라의 대표적 국제 공항인데, 몰타 공항은 마치 소도
시 버스 터미널처럼 아담한 규모였다. 하기야 몰타의 전 인구
가 대략 40만 명에 불과하니 무리는 아니었다. 공항 청사를
나와 시내로 향하는 현지 버스를 탔다. 도착한 도시에서 시
내버스를 타면 관광객이 아니라 마치 현지인이 된 듯 기분이
우쭐해진다. 요금은 2유로 남짓해 유럽 물가로는 그리 비싸지
않다고 생각했는데, 알고 보니 현지인의 두 배를 냈다. 유럽
국가이긴 하지만 변방에 왔다는 사실을 절감했다.

1522년 6개월간 처절한 전투 끝에 성 요한 구호 기사단은 로도스에서 추방되었다. 오스만의 술탄 술레이만 대제는 살아남은 기사단에게 승자의 아량을 베풀어 명예로운 철수를 허락했다. 기사단은 8년을 정처 없이 떠돌다가 마침내 몰타에 새 보금자리를 얻었다. 교황 클레멘트 7세가 스페인 국왕 카를로스 5세를 설득해 스페인령이던 몰타섬과 그에 딸린 작은 두 섬을 기사단에게 내주도록 주선했다. 그 대신 기사단은 상징적인 사용료로 스페인왕에게 매년 몰타의 매 한 마리를 바치기로 했다고 한다.

공항에서 버스를 타고 시내로 들어오는 길에서 본 몰타의 첫인상은 황량함 그 자체였다. 풍광이 딱 이탈리아 남부와 북아프리카를 섞어 놓은 듯한 느낌을 받았는데, 어쨌든 척박하고 메마른 땅임은 틀림없었다. 유랑 끝에 몰타 땅에 처음 발을 디딘 기사들의 절망감이 느껴지는 듯했다. 이름 그대로 장미꽃 피는 아름답고 풍요로운 로도스섬과 몰타는 하늘과 땅 차이였다. 이 작고 메마른 바위섬에는 한여름의 무더위와 겨울의 추위가 번갈아 몰아쳤다. 이 모든 환경이 로도스의 푸르른 대지와 온화한 날씨와는 거리가 멀었다.

몰타는 중세 기독교 세계에서 상징성이 높은 곳이었다. 예수의 제자 사도 바오로는 로마로 가던 중 배가 난파하는 바람에 몰타에 상륙했고 여기서 잠시 머무는 동안 기독교를 전파했다. 그래서 몰타는 신약성서인 사도행전에도 언급된다

(사도행전 27: 39~42). 전승되는 이야기에 따르면 사도 바오로는 당시 로마의 몰타 총독이던 푸블리우스를 기독교로 개종시키고 교회를 세웠다고 한다. 푸블리우스는 몰타 최초의 주교로서 31년 동안 몰타에서 사역한 후 멀리 그리스 아테네까지 가서 순교했다. 사도 바오로와 푸블리우스는 몰타의 수호성인으로 존경받고 있다. 지금도 몰타 곳곳에서는 성 바오로라는 이름의 성당을 볼 수 있다.

십자군의 시대가 끝난 후에도 몰타는 기독교의 세계에 남아 있다. CIA 〈월드 팩트북〉(2006년 추정치)에 따르면 몰타는 주민의 90퍼센트 이상이 로마 가톨릭 신자로, 전 세계에서 가장 철저하게 가톨릭화한 나라다. 몰타 공화국은 아예 헌법에 로마 가톨릭을 국교로 명시했고 모든 학교에서는 교리를 가르치고 있다. 몰타는 유럽의 끝자락 변방의 작은 섬에 불과하지만 적어도 기독교가 지배하는 유럽 정신세계에서는 상징적으로 매우 중요한 위상을 점하고 있다. 기독교 기사단과 이슬람 군대의 최후 결전이라는 극적인 드라마의 배경으로는 아마 이 중세풍 섬보다 더 적합한 장소는 없었을 것이다. 중세 배경의 판타지 드라마 〈왕좌의 게임*Game of Thrones*〉도 몰타에서 여러 성과 요새, 자연을 배경으로 많은 신을 촬영했다.

성 요한 구호 기사단이 접수한 몰타섬의 현실은 기독교적 이상만으로 채울 수 없을 정도로 열악했다. 무슬림 사라센 해적의 본거지인 북아프리카를 코앞에 둔 유럽의 최전선일 뿐

∧ 몰타 기사단의 전투용 기(왼쪽)와 종교 행사용 기(오른쪽).

아니라 농사도 안 되고 돌투성이인 이 척박한 땅을 기사단에게 맡긴 스페인 왕의 의중은 뻔했다. 전략적으로는 중요하지만 위험하고 쓸모없는 지역인 몰타의 방어 책임을 기사단에 넘긴 것이었다. 이 작고 황량한 불모의 섬에 자리 잡은 기사들은 풍요롭고 온화한 로도스의 기억을 잊을 수가 없었을 것이다. 몰타로 이주한 후 기사단은 종교 행사용 깃발을 검은색으로 해서 로도스를 잃은 슬픔을 가슴 깊이 기억했다는 이야기가 전해진다. 다른 기록에는 1130년 교황 인노첸시오 2세가 기사단에 군기를 하사하기 전까지 기사단은 검은색 바탕의 이 기를 사용했다고도 한다. 물론 앞의 주장은 호사가들이 지어낸 이야기일 가능성이 크다. 야사는 역사적 사실과 맞지는 않지만 그 당시 기사단의 정서를 잘 보여 준다.

성지의 마지막 발판도 잃고 수호해야 할 성지 순례자도 줄어든 상태에서 기사단은 점점 존재 의의를 찾기 어려워진다. 전쟁을 벌일 대상이 없는 군대 조직은 더더욱 그렇다. 그래서 성 요한 구호 기사단은 로도스섬 시절부터 이교도인 아랍의 배를 습격해 약탈해 왔다. 오스만은 이들을 목에 걸린 가시처럼 여겼다. 몰타로 거점을 옮기고 나서도 사정은 마찬가지였다. 분노한 술탄 술레이만 대제는 마침내 기사단을 응징하기로 결심하고 대규모 군대를 일으킨다. 공격이 성공하면 골칫거리인 기사단을 제거할 수 있을 뿐 아니라 몰타를 본격적인 유럽 진출의 교두보로 삼을 수도 있었다. 그랬다면 유럽의 경계나 기독교의 지도도 아마 지금과 전혀 다른 모습으로 그려졌을 것이다.

1565년 5월 4만에 달하는 대부대를 실은 오스만 선단이 몰타 해상에 모습을 드러냈다. 기록마다 차이가 있지만 이에 맞선 기사단은 기사 500명을 포함해 5,000~6,000명 정도에 불과했다. 전설적인 전쟁의 승패가 갈린 후 이 사건을 기억하는 방식은 각자 처한 위치에 따라 상당한 편차가 있다. 심지어 참전 군인의 숫자까지도 예외는 아니다. 특히 승자인 수비군과 적군의 숫자는 승전 이야기를 더 극적으로 꾸미기 위해 기록에 따라 고무줄처럼 늘어났다 줄어들었다 한다. 어쨌든 모든 예상을 뒤엎고 몰타는 원군도 없이 사력을 다해 무려 4개월을 버텼다. 오스만은 압도적인 전력에도 불구하고 자만과 판단 착오에 전염병 창궐이란 불운까지 겹쳐 퇴각을 결정했다. 마침내 오스만군이 물러나자, 몰타는 유럽 기독교 세계에서 일약 영웅으로 떠올랐다.

기사단은 유럽의 이 변방이자 최전선을 이교도 오스만의 침략으로부터 지켜낸 공으로 유럽의 수호자 대접을 받게 됐다. 20세기에 와서도 그리스와 몰타를 EU가 회원국으로 선뜻 받아들인 데는 이런 역사적 이유가 있다. 그리스가 문화적으로 유럽의 정신적 기원이라면, 몰타는 유럽이라는 경계를 수호했다는 사실을 유럽인들이 기억하는 것이다. 두 나라는 유럽이라는 공동체의 정체성에서 역사적으로 핵심적인 일부다.

지금 몰타의 발레타 시내에서 볼 수 있는 시가지가 바로 승전 후 몰타가 받은 환대의 살아 있는 증거다. 지금 남아 있는 도시는 몰타 대전투의 '유적'이 아니라 승리에 전 유럽이 열광한 그 흔적을 생생히 보여 준다. 몰타 방어전 승리 이후 기사단에는 주체 못할 정도로 돈과 물자 지원이 쏟아져 들어왔다. 교황청에서는 건축가까지 파견해 재건을 지원했다. 종교 개혁의 움직임과 아랍의 위협으로 전 유럽이 들끓고 있던 시점에 몰타는 복고적으로 유럽의 방패막이자 중세 기독교 세계의 수호자 구실을 톡톡히 해 깊은 인상을 남겼기 때문이다. 유럽 전역에서 들어온 이 자원으로 당시로서는 현대적이고 화려한 대건설 공사가 진행되었고 1571년에 완성된 시가지 모습이 현재까지 이어지고 있다. 아쉽지만 발레타에서 치열한 전쟁 당시의 흔적은 찾아보기 힘들었다.

호텔에 체크인한 후 도심 순례에 나섰다. 발레타는 바다 쪽으로 돌출된 작은 반도 모양의 지형 위에 건설되었다. 시가지는 자그마하고 경사가 심한 반도 지형에 엉거주춤 걸쳐 있다. 하지만 500년 전의 도시라고는 믿을 수 없을 정도로 반듯한 격자 모양의 거리 배치가 인상적이었다. 더구나 시가지 규모도 크지 않아 어느 골목으로 들어가든 그 끝에는 바다가 보였다.

중앙 도심 대로에 해당하는 공화국 거리를 따라 바다 쪽으로 끝까지 걸어가 보면 성 엘모 요새가 나온다. 오스만 침공 당시 가장 치열한 전투의 장이자 사력을 다해 끝까지 버텨낸 그 요새다. 요새는 마침 공사 중이어서 내부를 들여다볼 수는 없었다. 그래도 요새 성벽 위에 서니 바로 눈앞에 시원한 지중해가 펼쳐졌다. 요새나 성채는 왕궁을 제외하면 대개 내부보다는 내려다보는 바깥 풍광이 더 멋지다. 더구나 오스만의 몰타 포위 공격 때 발레타 쪽의 시설로는 사실 성 엘모 요새밖에 없었으니, 이 요새는 전쟁 당시를 증언하는 유일한 유적이다.

전투 당시 기사단의 주 거주지는 지금의 발레타가 아니라 바다 맞은편 비르구와 셍글레아 쪽에 있었다. 현재의 발레타는 승전 후 들어온 자금으로 황폐한 바위투성이 땅에 화려하게 건설한 신도시다. 새로운 도시의 이름은 당시 기사단을 승리로 이끈 프랑스 출신 단장 발레트의 이름을 땄다. 발레트는 젊은 기사 시절 로도스 최후의 순간을 지켜본 인물이었으니, 똑같은 적군에 맞서 몰타를 끝까지 지켜내 그때의 복수

> 기사단은 유럽 각지의 지원금으로 격자형 거리의 신도시를 건설했다. 발레타의 어느 거리든 그 끝에는 바다가 보인다.

를 제대로 한 셈이다.

발레타는 도심도 작고 단순해 어딜 가도 걸어 다녀도 된다. 발레타는 내륙 쪽으로는 이중 성벽이 버티고 있고, 바닷가 쪽으로도 삼면이 요새화되어 있다. 공항에서 발레타로 오는 버스를 타면 먼저 높은 성벽을 통과하게 되는데, 이것이 성채의 외성이다. 버스 종점에서 내리면 또 하나의 성벽이 눈앞을 가로막는다. 육지를 방어하는 외성과 내성을 지나온 셈이다. 내성으로 들어서니 겨울철 비수기를 맞아 여기저기서 보수, 복원공사가 진행되고 있었다. 내성 입구의 다리에서 내려다보면 물은 없지만 해자가 꽤 깊어 보인다.

구시가지에서 동쪽 바닷가로 몇 발자국만 나가면 높은 성벽 위에 바다를 향해 어퍼 바라카 가든이라 불리는 테라스가 있다. 성벽에는 고색창연한 대포가 바다를 향해 나란히 배치되어 있고 맞은편 육지 쪽에는 바다를 향해 비죽 튀어나온 두 요새가 보이는데, 바로 비르구의 성 안젤로 요새와 셍글레아의 성 미카엘 요새다. 발레타 쪽의 성 엘모 요새와 더불어 오스만과의 전투 당시 치열한 전투가 벌어진 현장이다. 뒤로 돌아보면 시간의 흔적이 역력한 건물들이 바다를 향해 비탈 위에 서 있다.

성벽 위에 서면 양쪽 육지 사이의 만으로 대형 선박들이 드나드는 모습이 보인다. 푸른 하늘과 바다를 배경으로 중세의 요새와 현대적인 대형 선박의 대비가 비현실적으로 느껴

< 고풍스러운 건물이 들어찬 발레타와 셍글레아 사이의 바다에 현대적인 선박이 정박해 있는 모습은 초현실적인 분위기를 자아낸다.

진다. 어쨌든 이 전망대는 자그마한 발레타 시내에서 가장 전망이 뛰어난 곳이다. 시내에서 머무는 며칠 동안 낮이든 밤이든 시간이 날 때마다 이곳에 나가 바다와 건너편 고풍스러운 시가지를 하염없이 쳐다보곤 했다. 지중해의 겨울 날씨는 온화하고 쾌적했다. 간간이 불어오는 바닷바람의 감촉이 부산의 초봄 날씨처럼 부드러웠다. 한때 피로 얼룩졌던 현장에 가보면 유독 평화로움이 느껴질 때가 있다. 빛이 진할수록 그림자도 짙은 탓인가?

∧ 발레타의 경사진 비탈에는 오랜 세월에 걸쳐 신축과 개축을 거듭하면서 지은 건물들이 서로 잘 어울리면서 예스러운 분위기를 자아낸다.

< 어퍼 바라카 가든에서 바라본 바다 쪽 풍경은 몰타의 대표적인 이미지를 이룬다. 맞은편 육지에 상 안젤로 요새와 성 미카엘 요새가 보인다.

'몰락하는 계급의 마지막 생존자'

발레타 시내를 탐방하는 데는 생각보다 시간이 얼마 걸리지 않았다. 주요 볼거리는 발레타 시내 한복판을 관통하는 공화국대로 주변에 몰려 있어 이 골목 저 골목을 기웃거리는 게 답사 요령이다. 12월 초인데 벌써 거리에는 크리스마스 장식이 설치되어 있었다.

시내 한복판을 차지하는 랜드마크는 성 요한 성당이다. 성 바오로의 땅 몰타에서도 중심부인 발레타의 대표 성당에 성 요한의 이름이 붙은 것은, 기사단의 수호성인이 성 요한이기 때문일 것이다. 기사단은 1571년부터 5년에 걸쳐 이 성당을 건설했다. 석회석의 옅은 노란색이 인상적인 성당의 건물 외벽은 여느 유럽 도시 성당이나 다름없이 소박해 보이지만 바로크식으로 장식된 내부는 화려함의 극치를 보인다. 17세기에 추가된 이 성당 내부 장식은 유럽 전역에서도 전성기 바로크 양식의 최고 걸작품으로 손꼽힌다. 성당 바닥은 빛나는 대리석 묘석에 방패 모양의 문장이 화려하게 장식된 기사와 귀족의 무덤으로 가득 차 있었다.

기사단 소속 기사들은 적어도 로도스 시절까지는 칼을 든 수도사로 처신했다. 수도사는 신을 섬기는 미천한 존재로서 세속적 이름이나 생사에 집착하지 않았다. 치열한 전투를 치를 때마다 적지 않은 기사가 목숨을 잃었고 평화 시에는

> 성 요한 성당은 외벽은 소박하지만 내부는 화려한 바로크 양식으로 장식됐다. 성당의 내부는 기사들의 출신지별 구역으로 나누어져 있다.

병이나 사고로 사망하는 사람도 있었지만, 기사단에서는 공식적으로 이들의 이름을 기록하거나 묘비조차 남기지 않았다. 지위가 높은 기사도 별반 다르지 않았다. 로도스에 그나마 남은 비석은 가족이나 친구들이 개인적으로 조의를 표하기 위해 세운 것이다. 그리스도의 종을 선언한 기사라면 겸손하게 소박한 삶을 영위하다가 이름 없이 죽어 가는 것이 어울린다고 생각한 듯하다. 성 요한 성당의 화려한 무덤을 보고 있노라니 과거 기사단의 엄격한 전통과 대비되어 묘한 느낌이 들었다.

몰타 기사단의 이후 이력을 감안할 때 아마 황금빛 장식과 요란한 대리석 장식과 함께 이 성당에 묻힌 인물이 모두 성자나 영웅은 아니었을 것이다. 몰타 방어전 대승 이후 유럽 기독교 세계가 수호자 몰타에 보낸 열광은 그리 오래가지 않았다. 유럽 각지에서 오는 지원금도 점차 줄어들었다. 유럽 전역에 종교 개혁의 소용돌이가 몰아치는 가운데 교회와 종교에 대한 유럽인들의 태도도 변하기 시작했다. 당시의 빠르게 변화하는 세계에서 중세 구질서를 상징하는 가톨릭의 군사 조직으로서 성 요한 구호 기사단의 위상이나 존재 의의 역시 흔들렸다. 성지도 사라지고 순례자 수호라는 원래의 명분도 사라진 상태에서 기사단의 기능도 방향을 잡기 어려웠다. 작고 황폐한 몰타섬의 토양에서는 경제적 자립이 어려웠고 이미 화려한 생활에 익숙해진 기사단의 운영 비용을 충당하기

∧ 발레타 구도심에는 오스만과의 전쟁을 승리로 이끈 발레트의 동상이 있다.

도 버거워졌다.

몰타에 자리 잡은 기사단은 처음에는 로도스에서 하던 대로 이슬람 해적 소탕과 기독교인 상선 보호에 주력했다. 하지만 점차 무슬림의 배를 무차별적으로 습격하거나 타국 해군 용병으로 참여하는 등 기사단의 취지와 무관한 활동이 늘어났다. 기사 개인도 서약한 수도자의 삶과 거리가 먼 화려하고 방탕한 생활에 빠지는 등 기사단의 도덕적 타락이 시작되었다. 마침내 1798년 나폴레옹은 이집트 원정 도중에 몰타를 점령한 후 기사단을 해산시켰다. 발레타를 무혈점령한 후 나폴레옹은 이렇게 말했다고 한다. "몰타섬은 24시간만 포격을 가해도 버틸 수 없었을 것이다. 물론 성은 꿋꿋이 버텼겠지만 기사들의 정신이 해이했다."

시대가 바뀌고 존재 의의를 상실한 집단이 정신적 해이와 타락에 빠지는 것은 어쩌면 예견된 순서였는지 모른다. 기사단의 흔적은 지금 몰타 공화국의 국가 상징에 남아 있다. 팔각의 변형된 십자가는 멀리는 구호 단체로 성 요한 구호 기사단을 세운 이탈리아 도시 국가 아말피의 문장이자, 현재는 몰타 공화국의 문장이기도 하다. 기사단 지배 시절 본거지이던 발레타는 원래의 이름을 유지한 채 여전히 몰타의 수도다. 십자군의 주력이던 기사단의 정신적 전통은 사라지고 그 형태만 남아 있다. 성 요한 구호 기사단은 몰타에서 추방된 후 군사 조직의 기능을 잃고 순수한 구호 단체로 전환해 지금도

> 기사단 시절의 기사 집단별 숙소는 현재 여러 가지 다른 용도로 사용되고 있다. 카스티유 기사 숙소는 현재 몰타 공화국 총리 관저다.

명맥을 유지하고 있다. 그 본부는 로마에 있으며 전 세계에 지부를 두고 있다. 하지만 이 단체에서 십자군 시대의 기사단을 떠올리기는 쉽지 않다.

발레타에 체류하는 동안 보수 공사나 행사 때문에 입장하지 못한 곳도 있었다. 긴 여행의 끝인지라 굳이 무리해서 일일이 들어가 보지도 않았다. 특히 기사단과 직접 관련된 상당수의 유적은 입장할 수가 없었다. 이제는 몰타의 역사문화 유산이면서도 다른 용도로 사용되고 있어서 그렇다. 성 요한 성당 인근에 있는 기사단장 궁정은 몰타 대통령 궁으로 바뀌었는데, 마침 국빈 행사용 홀은 회의 중이라 입장을 못 했다. 이 건물이 대통령 관저로 바뀌었다는 것도 나중에 알았다. 당시 기사단의 흔적인 카스티유 기사 오베르주는 총리 관저로, 이탈리아 기사 숙소는 미술관으로, 아라곤과 바바리아 숙소도 정부 부서 건물로, 프로방스 숙소는 고고학 박물관으로 용도가 바뀌었다. 프랑스인 기사 오베르주처럼 2차 세계 대전 때 공습으로 파괴되어 사라진 곳도 있다.

손바닥만 한 발레타 시내를 둘러본 후 몰타섬 내륙의 므디나로 향했다. 1530년 기사단이 섬을 장악해 발레타 인근으로 근거지를 옮기기 전에는 고대 이래로 몰타의 수도였던 곳이다. 지금은 인구가 300명도 채 안 되는 조용한 성곽 마을이다. 그래서 주민들이나 외부인 모두 이곳을 '침묵의 도시'라고 부른다. 1만 1,000명 정도 되는 대다수 주민은 성 바깥

의 라바트에 살고 있다. 라바트는 아랍어로 교외 지역이라는 뜻이다.

므디나성으로 들어가려면 깊은 해자를 가로질러 서 있는 므디나 성문 다리를 통과해야 한다. 〈왕좌의 게임〉 시즌 1에서 캐틀린이 에다드를 만나러 성으로 들어갈 때 통과한 바로 그 성문이다. 이 드라마에서 이곳은 킹스랜딩의 수도로 설정되어 장면의 상당 부분을 여기서 찍었다. 오스만 침공 시절 치열한 전쟁터는 아니었지만 므디나에 기사단의 기병대가 주둔해 수시로 해안가의 적군을 괴롭혔다.

성안으로 들어가니 좁은 골목길 양쪽으로 옅은 노란색 석회석으로 지은 고풍스러운 건물이 온통 감싸고 있었다. 조금 더 걸어 들어가니 구시가지 중심의 작은 광장에는 성 바오로가 푸블리우스를 개종시킨 사건을 기념해 지은 성 바오로 성당이 나왔다. 발레타와 달리 므디나는 한적하고 조용했으며, 지중해 소도시다운 평화와 여유가 느껴지는 곳이었다. 여기저기 고풍스러운 옛 건물과 온화한 지중해의 꽃과 식물이 어울려 그림엽서 같은 풍경을 자아내고 있었다.

므디나는 마치 세상의 모든 번잡한 고민거리를 벗어 버리고 정물화나 풍경화처럼 시간이 정지된 듯한 인상을 받았다. '침묵의 도시'라는 별명이 헛말은 아니었다. 성이 언덕 위에 있어 주변의 푸른색 벌판과 바다가 멀리 내려다보였다. 지금은 과거사가 되었지만 이곳을 거쳐 간 수많은 사람의 사연에 귀

> 지중해의 온화한 기후 덕분에 겨울인데도 아름다운 꽃과 건물의 색이 조화를 이룬다. 여기는 몰타 여행자들이 즐겨 인증 사진을 남기는 곳이다.

∧ 지중해의 온화한 기후 덕분에 므디나 거리를 돌아다니다 보면 작지만 아름다운 정원을 종종 마주치게 된다.

∨ 비예게뇽 거리는 므디나 구시가지의 중심 도로다. 거리 끝 정면 왼쪽에 팔라조 산타 소피아 건물이 보인다. 므디나에서 가장 오래된 건축물이다.

∧ 므디나성은 언덕 위에 자리 잡고 있어 주변의 들판과 바다가 훤히 내려다보인다.

를 기울여 보려고 애써 보았다. 하지만 지중해 연안 섬의 부드러운 겨울 바람과 푸른 하늘만 감각을 간지럽힐 뿐 죽은 자는 말이 없다.

발레타에서 바다 바로 건너편 비르구에도 가 보려고 버스를 탔는데, 마침 무슨 축제 날인지 불꽃놀이가 한창이었다. 인파와 장사꾼이 거리를 메우고 일부 도로는 차단되고 해서 온통 난장판이었다. 바닷가 마리나에는 레저용 요트가 가득 정박되어 있었다. 겨울날이라 어느새 어둠이 내려 사방이 어둑어둑해졌다. 결국 요새는 포기하고 바다 건너 발레타의 화려한 야경을 보는 데 만족하기로 했다. 기대한 것과 달리 발레타에서 몰타 기사단의 대전투는 흔적보다는 기억으로 더 강하게 남아 있었다. 전설적인 기사단의 아름답지 못한 결말은 씁

쓸했다. 급격하게 변화하는 역사의 소용돌이에서 시대를 거스르려는 개인의 몸부림은 지극히 미약한 힘에 불과했다.

드라마와 달리 현실에서는 거창한 사건이 허무하게 끝나는 일이 허다하다. 영웅의 화려한 귀환은 게임이나 영화 속에서만 가능할 뿐이다. 한때 기사단은 중세의 질서와 세계관에서 정점을 이루는 화려한 불꽃이었다. 하지만 성지를 잃은 후 유럽이 교회가 지배하던 정신세계에서 영토 국가 중심의 새로운 세속적 체제로 옮아가는 혼란 속에서, 기사단은 구시대의 잔상을 붙들고 있는 돈키호테 같은 존재였다. 시오노 나나미의 《로도스 공방전》을 번역한 최은석은 몰타의 기사단을 "몰락하는 계급의 마지막 생존자"라 불렀는데, 참으로 그럴듯한 지적이다.

십자군, 영혼의 고향으로 가다

✝

이스라엘

3

통곡의 벽. 유대인은 기도문을 적어 이 벽 틈새에 끼워 두
고 기도를 올리면 신에게 뜻이 더 쉽게 전달된다고 믿는다.

카이사레아 바닷가에는 로마 영토 시절의 수도교가 해안 모래사장을 따라 뻗어 있다.

여행에 문외한인 사람도 가보고 싶은 곳으로 대개 유럽을 첫손에 꼽는다. 유럽은 구시가에 있는 낡은 건물과 허름한 거리조차 낭만처럼 통하는 곳이다. 나 역시 오랫동안 유럽, 특히 중세에 매료되었다. 구도심을 감싼 높은 성벽, 방패 모양의 화려한 문장coat of arms과 깃발, 하늘 높이 치솟은 고딕 성당, 얼굴을 가린 투구와 사슬 갑옷으로 무장한 기사 등 동화에나 등장할 법한 그 모든 것은 신비로움으로 나를 설레게 했다. 그중에서도 십자군은 가장 중세 유럽다운 흥미로운 주제였다.

십자군은 1095년 가톨릭교회 수장인 교황의 주창으로 시작되어 약 200년 동안 지속된 성지 회복 운동이다. 유럽의 중세에는 기독교가 삶의 모든 부분을 지배했다. 십자군 원정에서는 종교의 이름으로 국적과 무관하게 군대가 조직되어 먼 팔레스타인 땅까지 원정이 단행되고 많은 사람이 기꺼이 목숨을 바쳤다.

십자군이라는 명분으로 그렇게 대대적인 원정이 가능했던 것은 기독교 세계가 곧 유럽이었기 때문이다. 오늘날에는 유럽인이 모두 기독교인도 아니고, 기독교가 유럽의 전유물도 아니다. 신자 수로만 보면 한국이 오히려 더 대표적인 기독교 국가다. 첫 유럽 여행지인 영국에서 폐허가 된 수많은 교회 건물을 보고 충격을 받은 적이 있다. 낙서와 쓰레기투성이의 쇠락한 빈 교회, 관광안내소나 심지어 클럽으로 변신한 건물도 많았고, 그나마 남은 거대한 옛 성당의 미사에는 참석자가 가물에 콩 나듯 드문드문 보였다. 실제로 전 세계에서 무종교 비율이 높은 상위 국가는 주로 유럽에 있다. 그렇지만 교회를 다니든 다니지 않든, 기독교는 유럽인의 사고나 문화에 여전히 깊숙이 배어 있다.

기독교 중세인은 유대인을 그렇게 혐오하면서도 유대 땅의 성지를 그리워했다. 성지 순례는 대다수 중세인에게 평생의 꿈과 같았다. '성지 회복'을 기치로 내걸고 원정에 참가한 보통 사람들에게는 기독교가 곧 세상의 경계이고 그 바깥은 모두 낯선 이교도와 악의 세계였다. 기독교라는 종교는 유럽인의 모든 삶을 지배하는 세계관이고 성지는 반드시 회복해야만 하는 유럽인의 정신적 영토였다. 이들은 아랍인이든 튀르크인이든 베르베르족이든 베두인인이든 모든 무슬림을 '사라센'이라 부르면서 기독교와 유럽의 적으로 여겼다. 반면에 아랍인들은 서방 기독교인을 모두 '프랑크인'으로 불렀다. 종교와 무지가 지배하던 시절에는 세상도 훨씬 단순하게 흑백의 잣대로 보았던 것 같다.

십자군 유적 답사는 거의 천년 전의 지나간 역사가 아니라 오늘날에도 변함없는 인간 군상에 관해 확인해 보는 기회였다. 굳이 중세의 역사가 아니라도 기독교와 이슬람, 역사와 현대, 친숙함과 낯섦, 황량한 사막과 도시가 뒤섞인 이국적인 이스라엘 땅은 언젠가 꼭 한번 가 보고 싶은 곳이었다. 그런데 여행 계획은 세웠지만 실제로 성지와 십자군의 '유적'을 방문해 직접 마주 보는 데는 꽤 오랜 시간이 걸렸다. 세워 놓은 일정마다 문제가 발생해 취소할 정도로 우여곡절이 있었다. 처음 계획을 확정한 지 8년이나 지난 후 드디어 십자군 원정의 목적지이던 예루살렘에 첫발을 들여놓게 되었다.

모든 성지는 예루살렘으로 통한다

1095년 11월 프랑스 클레르몽에서 열린 가톨릭 공의회에서 교황 우르바누스 2세는 성지 회복을 위한 원정을 선언했다. 그 자리에 모인 기사들과 민중은 "신이 그것을 바라신다 Deus lo vult"를 외치며 열렬히 화답했다. 이듬해 성지로 가는 '십자군'이 결성되었고, 마침내 3년 후인 1099년 예루살렘을 '해방'시키고 예루살렘 왕국을 세웠다. 그러나 88년 후 무슬림 술탄 살라딘은 빼앗긴 예루살렘을 다시 탈환했다. 그 후에도 모두 일곱 차례에 걸쳐 십자군이 결성되었지만 예루살렘을 잠시라도 점령한 것은 1229년 6차 십자군 원정 때뿐이다. 나머지 기간에는 시리아와 팔레스타인 해안 지역에서 일부 교두보를 고수하는 데 그쳤다. 1291년 최후의 거점 아코가 함락되면서 십자군 원정은 끝이 났다. 십자군이라는 이름도 당시에 사용하던 용어가 아니라 후세 사람들이 붙인 것이다.

수백 년의 세월이 지난 지금 십자군 원정의 흔적을 더듬는 일은 쉽지 않았다. 세속화되고 회의적으로 바뀐 현대인의 사고로 기독교가 지배하던 시절 중세인의 사고나 행동을 이해하기도 어렵다. 그리고 유적의 상당 부분은 이제는 전쟁과 민족 갈등으로 방문할 수 없는 시리아나 레바논 등지에 있다. 그래도 예루살렘이나 몇몇 도시만으로도 마치 타임머신을 타고 그 시대로 돌아간 것 같은 흥미로운 체험을 할 수 있었다.

십자군 원정을 이해하는 데 예루살렘의 존재는 독특한 의미를 지닌다. 십자군 원정이 교회의 주창으로 성지 회복이라는 종교적 명분을 걸었으니, 예수의 무덤과 수많은 성서적 사건의 현장인 예루살렘 없이는 성전 자체가 성립할 수 없었다. 그러나 이 성은 척박한 돌산에 있는 데다 이렇다 할 경제적 이점도 없다. 군사적 측면에서도 예루살렘은 험한 비탈 위에 성벽이 요새처럼 둘러싸고 있어 공략하기도 쉽지 않을뿐더러 인근 배후지를 함께 점령하지 않으면 지키기도 어려운 계륵 같은 존재였다. 하지만 이 성은 종교적으로나 정치적으로나 헤아릴 수 없는 가치가 있는 성스러운 공간이다.

십자군에게는 대규모 군대를 데리고 장거리 원정을 떠나야 하는 만큼 전략적 고려가 현실적으로 중요했다. 십자군 원정 경로는 종교적 상징뿐 아니라, 군사적, 경제적 요충지를 확보해 가는 여정이기도 했다. 대규모 원정군을 먹이고 무장시킬 물자와 인력도 유럽에서 실어 날라야 하는 만큼 편리한 도로 확보도 필요했다. 시리아 땅의 트리폴리나 레바논, 팔레스타인 땅에서 해안가를 따라 서 있는 카이사레아, 아코 등 성곽 도시는 성지를 군사적으로나 물질적으로 받쳐 주는 실질적 기반이었다. 종교적 성지인 예루살렘과 베들레헴 등지 외에도 카이사레아나 아코 같은 해안 성벽 도시도 다니면서 당시 전쟁의 실제 모습을 상상해 보았다.

상상과 꿈에서 시작한 여행도 일단 첫발을 내딛고 나면 지극히 현실적인 문제로 바뀐다. 온갖 자질구레한 요인이 여행지 선택과 여행의 성격, 체험의 종류를 지배하게 된다. 여행지 중에는 유독 계획대로 잘 안 풀리는 곳이 있다. 내게는 이스라엘이 그랬다. 여러 번 계획을 세웠으나 대부분 불안정한 중동 정세 때문에 여행 계획을 취소하거나 일정을 변경할 수밖에 없었다. 그러다가 마침내 기회가 왔다. 꼭 다섯 번째로 이스라엘 가는 비행기 표를 발권했다. 계획보다 한참 늦었긴 했지만 2019년 1월 드디어 이스라엘행 비행기에 몸을 실었다.

이스라엘 입국장은 여행객 사이에서 악명이 높았다. 입국장의 보안 검색과 심문이 범죄자 취조 수준으로 엄격해 각오를 단단히 해야 한다고들 했다. 그런데 그동안 입국 심사 정책이 바뀐 것인지 아니면 운 좋게 너그러운 담당자를 만난 덕분인지 모르나 싱거울 정도로 쉽게 입국장을 통과했다. 이렇다 할 소지품 검색도 없었다. 이스라엘 입국 기록이 남으면 아랍 국가 여행은 포기하는 위험을 감수해야 했는데, 별도 용지에 입국 도장을 찍어 여권에 끼워 주는 방식으로 입국 제도가 바뀐 것도 안심이 됐다.

이른 아침 시간 텔아비브 공항 청사 지하역에서 기차를 타고 황량한 창밖 풍광을 보면서 동쪽으로 달렸다. 십자군이 성지 예루살렘을 지척에 두고 진군하던 바로 그 경로를 따라서 가는 것이다. 하늘은 잔뜩 찌푸렸고 황사까지 날려 겨울 날씨는 더욱 을씨년스러웠다. 기차는 잠깐 새에 예루살렘 중앙역에 해당하는 나본역에 도착했다. 청사 위층으로 올라가면서 보니 벙커를 연상시키는 투박한 콘크리트 건물을 육중한 철문이 가로막고 있었다. 군인들이 소총을 둘러메고 오가는 모습에 분쟁 지역이라는 사실을 실감했다. 트램으로 바꿔 타고 잠시 후 성벽 가까이 예약해 둔 숙소에 도착했다. 작지만 깔끔한 현대적인 건물이었다. 창밖으로는 아침 손님으로 붐비는 빵집과 바삐 오가는 행인들의 평화로운 모습이 보였다. 예루살렘에 도착해서 받은 이스라엘의 첫인상은 그냥 현대적인 유럽 도시와 별 차이가 없었다.

호텔을 나서니 겨울비가 간간이 뿌리고 있었다. 트램을 타고 두 정거장 정도 가니 벌써 목적지인 예루살렘성이었다. 물론 걸어가도 되는 정도의 거리였다. 몇 발짝 더 가니 눈앞에 갑자기 높은 성벽이 모습을 드러냈다. 모두 4킬로미터에 달하는 이 성벽은 예루살렘 구시가지 전체를 감싸고 있다. 1099년 예루살렘 공략을 앞두고 십자군이 진을 친 바로 그 지점에서 나는 역사의 흔적이 가득한 고성을 바라보았다. 천년도 넘는 긴 세월 동안 여러 차례 파괴와 복구를 거듭했지만 성곽은 900여 년 전 1차 십자군이 바라본 성채와 비슷했다.

로마는 유대 땅을 점령하고 반란을 몇 차례 진압한 후인 132년 예루살렘 성벽과 시가를 완전히 파괴했다. 하지만 결국 200여 년 지난 후 다시 성벽을 쌓았다. 이후에도 전쟁과 지진을 거치면서 파괴와 보수가 이어졌다. 십자군이 예루살렘성 공략을 앞두고 감격에 겨워 바라본 성채는 1033년 지진으로 무너진 후 무슬림 파티마 왕조가 다시금 복구한 새 성벽이었다. 복구 과정에서 성벽의 전반적인 위치가 많이 바뀐다. 원래 남쪽 성벽 안에 있던 시온산과 최후의 만찬 장소는 성 밖으로 밀려나고 골고다 언덕 위의 성묘 교회는 성안으로 들어오게 된다. 현재 성벽은 십자군 전쟁을 거치며 대부분 파괴된 것을 16세기 오스만 제국의 술탄 술레이만 1세가 복원했다고 한다. 하지만 성벽은 대체로 십자군 원정 때의 위치와 모습을 유지하고 있어, 십자군이 이슬람 군대와 공성전을 앞둔 당시의 긴장감을 상상해 볼 수 있었다.

∧ 야파 성문 쪽의 성벽은 십자군이 최초로 예루살렘성 공략을 앞두고 바라보던 바로 그 모습이다.

　예루살렘은 세월의 흔적이 역력해 고풍스러워 보이지만 여기서 '오리지널' 성지의 모습을 찾기는 사실 불가능하다. 유서 깊은 유적은 사라지고 새 건물이 들어서는 과정을 되풀이하면서 남은 희미한 흔적만으로 옛 모습을 미루어 짐작할 뿐이다. 성지는 여러 시대의 기독교 유적이 건축, 파괴, 재건을 거듭하고 이교도 유적과 뒤섞여 이질적인 역사가 층층이 퇴적된 곳이다. 역사적 상상력을 동원하지 않으면 이 성은 그냥 낡고 무너지고 혼잡한 시가지와 돌무더기만 덩그러니 놓인 허망한 풍경에 불과하다. 사전 조사를 충분히 하고 눈여겨보지 않으면 놓치는 부분이 더 많다. 십자군의 흔적 역시 눈이 아니라 책에서 읽은 지식의 도움으로 찾아내야 한다.

성곽으로 들어가는 문은 현재 모두 여덟 군데가 있다. 19세기 말 예루살렘을 방문한 오스만 제국 술탄을 위해 새로 추가한 성문 하나(이름도 신 문New Gate이다)를 제외하면 모두 긴 세월 동안 자리를 지킨 성문들이다. 십자군 당시에는 성문이 동서남북으로 네 군데만 있었다. 구시가지에 도착해 처음으로 마주친 것은 현재의 예루살렘성 서쪽 입구인 야파 문이었다. 십자군 원정 시절에는 오늘날의 텔아비브인 야파가 예루살렘으로 들어가는 관문 항구 역할을 했는데, 거기서 이름을 따온 것이다. 북쪽 성벽의 다마스쿠스 문이나 남쪽 시온 문은 문밖의 행선지 이름을 붙인 사례다. 야파 성문을 들어서자 갑자기 타임머신을 타고 중세로 되돌아간 듯한 착각이 들었다. 세월의 때가 쌓인 성벽과 덕지덕지 붙은 낡은 가옥, 자갈로 포장된 좁고 어수선한 거리가 눈길을 끌었다.

서쪽으로 난 야파 문 성벽 안 바로 오른편에는 다윗의 탑이 깊은 해자 건너 자리하고 있다. 이 '탑'은 사실 예루살렘성 안의 또 다른 성이라 할 만큼 튼튼한 방어력을 갖춘 요새다. 1099년 1차 십자군이 예루살렘을 점령했을 때는 여기서 최후의 공성전이 벌어졌다. 이 요새 역시 예루살렘성만큼이나 파란만장한 역사를 거치면서 여러 차례 파괴되고 복구되는 시련을 겪었다. 4세기에 비잔틴 제국이 이슬람 세력에게서 성지를 탈환했을 무렵에는 커다란 돌무더기만 남아 있었다. 병사들은 이 터를 시온산의 일부로 착각하고 여기가 다윗왕의

> 다마스쿠스 문은 십자군 운동 당시에는 예루살렘의 북쪽에 있는 유일한 성문으로 주요 격전지였다.

모래바람이 몰아치는 분 문 주변. 왼쪽 언덕이 성전산이다.

성벽 동쪽에는 남북으로 키드론 계곡이
가로지르고 있다. 성벽에서 계곡 바로
건너편에 올리브산이 있다.

∧ 다윗 탑은 예루살렘성 안의 또 다른 성이다. 이 요새 같은 성으로 들어가려면
해자를 다시 건너야 한다. 다윗 성벽 위에서 내려다본 다윗 탑 내부 모습.

∧ 예루살렘 성벽 남쪽 문인 분 문.

궁전 자리라고 믿었다. 다윗의 탑이란 이름은 이 착각에서 유래한다.

동쪽 성문인 성 스테판 문(혹은 사자 문)과 황금 문은 계곡을 사이에 두고 올리브산을 정면으로 바라보고 있다. 다만 성전산으로 이어지는 황금 문은 폐쇄되어 들어갈 수가 없다. 동쪽 성벽은 키드론 골짜기를 내려다보고 있고 지세가 험해서 십자군도 공략을 포기한 곳이다. 그래서 성채의 방어 장치도 상대적으로 허술한 편이다. 남쪽으로는 시온 문과 이름도 괴이한 '분 문Dung Gate'이 있다. 이 부근에 쓰레기 처리장이 있어 이런 지저분한 이름이 붙었다.

결국 십자군은 서쪽과 북쪽의 문을 공략하는데, 북으로는 다마스쿠스(히브리어로는 다메섹) 문 부근, 서쪽의 야파 문이 당시의 주된 전쟁터였다. 십자군은 결국 현재의 헤로데 문 부근 성벽을 공략해 성을 점령한다. 역설적이게도 이후 술탄 살라딘에게 성이 함락될 때도 이곳이 가장 먼저 무너졌다. 영화 〈킹덤 오브 헤븐*Kingdom Of Heaven*〉(2005)을 보면 살라딘의 공격으로 성벽이 무너지는 장면이 나오는데, 픽션으로 재구성된 것이긴 하지만, 아마 이 지점을 염두에 두었을 것이다. 성벽 북쪽은 비교적 평평한 벌판이 펼쳐져 있어 군대가 진을 치기도 편리해 보였다.

예루살렘성 안팎을 돌아보니 지형이 매우 좁고 가팔랐다. 야파 문으로 들어가면 나타나는 서쪽 지역이 성내에서 고지대이고 동쪽을 향해 걸어가면 좁고 가파른 언덕을 끼고 조성된 미로 같은 시가지를 따라 낮은 지대가 이어진다. 덕분에 예루살렘 성안의 구시가지 안에는 대중교통이 없다. 성안은 좁고 경사가 가파른 지형이라 걸어 다닐 수밖에 없다. 성안은 작지만 경사가 심해 수시로 가쁜 숨을 내쉬면서 다녀야 했다.

골고다 언덕과 성묘 교회

성지 유적 중에도 가장 중요한 곳은 성안 서북쪽 기독교인 구역에 있다. 바로 성묘 교회다. 이 교회는 예수가 십자가에 못 박힌 후 무덤에 묻혔다가 사흘 만에 부활했다고 알려진 바로 그 골고다 언덕 자리에 있다. 기독교의 출발점과 같은 곳이니 이 교회가 없는 십자군은 상상조차 할 수 없다. 당연히 이 성지 중 성지에는 초기 기독교 시절부터 지금까지 순례자가 끊이지 않았다. 기독교 신앙의 중심지였지만 이교도인 무슬림 영토 안에 있었기에 십자군이 성스러운 전쟁을 표방하는 명분을 준 장소였다. 십자군 원정 당시 창설된 기사단들은 성묘 수호, 성묘가 있는 예루살렘을 방어하고 이교도의 공격에서 지키는 일을 으뜸가는 목표로 표방했다. 하지만 예루살렘왕의 대관식이 시행된 정치권력의 중심지이기도 했다.

　로마 점령 시절에는 시 외곽에서 십자가형을 집행했기 때문에, 1세기 무렵에는 당연히 교회가 성벽 바깥에 있었다. 긴 세월 동안 잊혀진 이 장소를 다시 찾아내고 교회를 처음 지은 사람은 로마 황제 콘스탄티누스의 어머니 헬레나였다. 지금 이 지역에서 성지라 알려진 곳은 대개 헬레나와 관련이 있다. 콘스탄티누스가 기독교를 공인한 후 헬레나는 326년과 328년 사이에 레반트 전역을 순례하면서 성서와 관련된 성지

> 성묘 교회 입구는 좁고 복잡한 골목 쪽으로 나 있다. 십자군은 성지 점령 후 교회 입구를 중세에 유행하던 로마네스크 양식으로 개축했다.

를 일일이 방문해서 유적을 발굴하고 수많은 교회를 지었다. 헬레나는 대성당 안 예수의 무덤 자리에도 원통형(로툰다)의 부활 교회를 지었다. 이 원통형 건물은 마치 예수의 십자가와 부활을 나타내는 기독교 신앙의 상징처럼 되어, 유럽 전역에 비슷한 모양의 교회가 무수하게 들어섰다.

지금 성묘 교회는 대형 경기장처럼 거대한 지붕 아래에 여러 작은 건물이 들어선 형태로 되어 있다. 헬레나의 건축 후에도 수차례 신축과 개축을 거듭하면서 이 건물은 십자가 형이 집행된 골고다 언덕과 예수의 무덤이자 부활의 자리, 헬레나가 예수의 십자가를 발견한 장소를 모두 뒤덮고 있다. 그래서 성묘 교회를 처음 방문한 사람은 거대한 건물 규모와 무질서하고 복잡한 구조에 어리둥절하게 된다. 이 교회는 하나의 건물이 아니라 여러 시대에 걸쳐 지은 여러 교회를 하나의 거대한 지붕이 덮고 있는 일종의 교회 복합체다.

성묘 교회는 여러 작은 교회와 유적이 복잡한 미로처럼 얽혀 있어 지도의 도움을 받지 않으면 길을 잃기 쉽다. 방문자 출입문으로 들어서면 바로 오른쪽에 예수가 십자가에 못 박힌 골고다 언덕이 있다. '언덕'으로 알고 있었으나 뜻밖에도 자그마한 계단 몇 칸만 올라가면 되는 2층 정도의 높이에 불과했다. 언덕이 이 모양이 된 데는 사연이 있다. 로마가 예루살렘을 정복한 후 135년에 이 자리에 로마 신전을 세웠다. 그 과정에서 대지를 평평하게 다듬기 위해 언덕을 깎는 바람

> 골고다 언덕 바위 자리의 제대. 골고다 언덕은 깎여나가고 그 위에는 제대가 차려져 있다.

에 이렇게 낮아진 것이다. 여기에는 소박한 제대 아래에 예수의 십자가 자리가 표시된 둥근 판이 있고, 가운데 구멍을 통해 골고다 바위를 만져 볼 수 있다. 이곳은 십자가의 길 14군데 중에서 12처에 해당하기도 해서, 예루살렘 체제 중 순례자 뒤를 따라다니다 보면 다시 한번 방문하게 된다.

사람들의 동선이 부딪치는 복잡한 1층에서 지하로 내려가면 성 헬레나 경당이라 불리는 작은 공간이 나온다. 헬레나가 바로 이 지하 동굴에서 예수의 십자가를 발견했다고 알려져 있다. 유일신을 믿는 기독교는 우상 숭배를 금한다. 하지만 중세 유럽인은 성스러운 죽음과 관련된 대상에 유독 집착했다. 예수의 십자가, 예수를 찌른 창, 가시관, 성인의 유골 등이 중세에 잇따라 '발견'되었고 유명 성당에서는 이 유물로 순례자를 끌어들였다.

중세의 베네치아인은 예수의 제자 성 마르코의 유골을 이집트에서 반출해 도시 수호성인으로 숭상했다. 베네치아의 성 마르코 성당 전면을 장식하는 날개 달린 사자는 바로 성 마르코의 상징물이다. 한국인에게 특히 유명한 산티아고 순례길의 산티아고 데 콤포스텔라 성당에는 예수의 제자 성 야고보의 유해가 안치되어 있다. 산티아고란 바로 성 야고보의 스페인식 표현이다. 예루살렘 성지 순례가 불가능했던 중세에는 많은 신자가 이 순례길 답사로 팔레스타인 성지 순례를 대신하였다.

성유물에 대한 집착이라는 점에서는 십자군도 예외가 아니었다. 십자군 관련 역사서를 보면 예루살렘을 탈환한 후에도 성 십자가를 발견했다는 이야기가 나온다. 물론 이들의 진위는 확인할 수 없지만, 덕분에 성배나 성의 등 성유물은 이후 수많은 역사 판타지물의 단골 소재가 된다. 헬레나가 처음 발견한 십자가는 순례자들이 입을 맞추면서 조금씩 물어뜯어 가는 바람에 형체가 거의 다 사라져 버렸다고 한다. 그래서 그 십자가의 일부만 지금 로마의 산타 크로체 성당에 안치되어 있다.

어두컴컴한 건물 안에서 중요한 성소는 늘 순례자와 관광객으로 붐빈다. 특히 중앙 홀에 사람들이 유난히 길게 줄을 서 있었다. 그곳에 원형의 작은 건물이 있는데, 바로 예수의 무덤 자리인 예수 부활 교회다. 건물을 몇 바퀴 감쌀 정도로 긴 줄에서 한참을 기다려 마침내 차례가 왔는데, 사실 찬찬히 볼 새도, 별로 본 것도 없이 다음 사람에게 밀려났다. 신자가 아니라 관광객으로 뭔가 볼거리를 기대하고 기다렸다면 아마 크게 실망하고 말 것이다. 예루살렘에서는 무엇이든 눈이 아니라 마음으로 볼 각오를 해야 한다.

성묘 교회 안에 있는 교회들은 가톨릭뿐 아니라 그리스 정교회, 아르메니아 정교회 등 여러 기독교 교파를 망라한다. 성지를 건축하고 관리한 교파가 시대마다 다르다 보니 종종 분쟁이 일어났다. 그래서 이 교회를 여러 교파가 공동 관

< 성묘 교회 지붕 아래에 원통형으로 지은 건물이 부활 교회다. 십자가형 집행 후 예수의 무덤이자 부활의 자리이기도 하다.

> 아들을 십자가형으로 잃은 성모 마리아의 고통을 가슴에 박힌 칼로 표현한 것이다. 골고다 언덕 자리 부근에 있다.

∧ 성묘 교회 입구로 들어가면 사람들이 엎드려 사각형의 바위를 만지는 것을 볼 수 있다. 예수의 시신을 염습했던 돌판으로 알려져 있다.

리하는 방식으로 협상이 타결되었다. 특히 성묘 교회의 열쇠 관리는 민감한 문제라서 아예 기독교인이 아니라 성당 이웃에 사는 두 무슬림 가정에 맡기기로 했는데, 이 전통이 무려 1246년부터 지금까지 이어지고 있다. 이 중 한 가정은 아침저녁으로 성당 문을 여닫는 일을, 다른 집은 열쇠를 보관하는 권한을 갖고 있다. 그 대신 세 교회는 이 가정에 매월(혹은 특별한 행사가 있을 때) 상징적인 액수의 '세금'을 내는데, 대략 '사딸라'(20쉐켈) 정도 된다고 한다.

헬레나가 대리석으로 화려하게 지은 성묘 교회의 운명도 순탄하지 못했다. 7세기 이후 페르시아인과 파티마 왕조가 예루살렘을 점령한 후 이 교회를 파괴해 버렸는데, 이후 비잔티움 황제들이 아랍 측의 양해를 얻어 다시 복구했다. 십자군 역시 예루살렘성을 탈환한 후 기존의 성묘 교회를 새롭게 고치고 재건했다. 사진에서 볼 수 있듯이 교회 입구가 유럽의 로마네스크 양식을 띤 것은 이 때문이다.

성묘 교회는 이후에도 여러 차례 수난을 겪었지만, 대체로 십자군이 처음 발을 디딘 당시처럼 변함없이 자리를 지켰다. 강경한 무슬림 왕조나 술탄이라도 대개 이 성지만은 그대로 두었다. 이렇다 할 수입원이 없는 척박한 예루살렘에서 순례자에게서 거둬들이는 세금이 꽤 쏠쏠했기 때문이다. 그나마 운이 좋은 성묘 교회가 이 정도니 다른 성지 유적의 운명은 그야말로 파란만장했다. 지구상의 가장 큰 분쟁지 한복판

∧ 십자가에서 내려지는 예수. 십자가형 후 예수의 시신을 염습한 돌판 주변 벽의 모자이크는 당시의 이야기를 묘사하고 있다.

에서 파괴와 탄압, 학살, 재건 등 무수한 굴곡을 겪은 곳이 바로 예루살렘이다. 아마도 순례자든 단순한 방문자든 여기서 깊은 감동을 받는 것은 이처럼 무수한 상처의 기억 때문인 것 같다.

성묘 교회는 십자군 역사에서도 여러 일화를 많이 남겼는데, 그중 하나가 바로 성전 기사단 탄생지라는 것이다. 1119년 성탄절에 위그 드 파엥Hugues de Payens을 비롯해 기사 아홉 명은 이 교회에서 스스로 '그리스도의 가난한 기사들'

이라 칭하면서 서약을 했다. 성지를 수호하고 순례자를 보호하는 데 평생을 바치기로 서약한 기사단이 탄생한 것이다. 다른 십자군 참가자들이 유럽으로 돌아간 후에도 이들은 여기서 평생 독신으로 살면서 성지를 지켰다. 이보다 좀 더 이른 1113년 창설된 성 요한 구호 기사단은 이 교회 바로 남쪽에 본부와 병원을 두고 병자를 돌보았다. 최근 고고학 발굴팀은 이 부근에서 당시의 병원 터를 발굴했는데, 무려 환자 2,000명 정도를 수용할 정도로 큰 규모였다. 환자는 종교와 민족을 가리지 않았고, 치료는 모두 무료였다. 성 요한 구호 기사단은 종교에 헌신한 무장 수도사 집단이자 당대 최고의 의료 기관이었다. 성전 기사단이 가장 전투적이고 이교도에 강경한 전사 집단이었던 반면에, 성 요한 구호 기사단은 이보다는 상대적으로 관용적이고 온건한 성향을 띠었다.

기억의 장소, 성지

예루살렘은 수많은 성서적 사건과 기독교회의 역사적 기억을 품고 있다. 성묘 교회처럼 예수 활동 당시의 기억뿐 아니라 기독교인의 수많은 사연이 담긴 곳이 무수하게 남아 있다. 그렇지만 여기서 2000년 동안의 고풍스러운 유적이 남아 있을 것이라고 기대하면 실망하기 십상이다.

1차 십자군이 예루살렘을 '탈환'한 후 크고 작은 '성지'를 방문했을 무렵에도 이들을 맞이한 것은 폐허뿐이었다. 십자군이 시작되기 약 90년 전 과격한 무슬림 칼리프이던 알하킴은 성묘 교회를 비롯해 모든 기독교 성지의 건물을 철저하게 파괴했다. 예수 무덤 자리에 있던 바위까지 깨트려 버려 남은 것이 거의 없었다. 십자군은 헬레나를 비롯해 이전의 순례자들이 세운 성지의 흔적을 찾아 기도를 올리고 복구하는 데 몰두했다. 물론 이 중 대다수는 후대에 다시 파괴되어 폐허가 되는 운명을 피하지는 못했다.

예루살렘에서는 나흘을 머물렀는데, 무수한 장소를 수박 겉핥기식으로 둘러보는 데도 시간이 부족했다. 가이드북에 나온 대로, 혹은 단체 순례객의 움직임을 곁눈질하며 기억과 기록의 흔적을 따라다녔다. 비아 돌로로사(십자가의 길), 통곡의 벽, 최후의 만찬 장소 등에는 당시의 모습을 찾을 길이 없지만 곳곳에 성서의 이야기와 기억이 배어 있다. 그 유명한 비아 돌로로사의 14개 순례 장소에는 좁고 붐비는 골목 구석구석에 대개 작은 표지판만 달랑 붙어 있다. 아무리 성지라 해도 당시의 흔적은 거의 없이 작은 표지만으로 수많은 사람을 끌어들이는 곳은 아마 예루살렘뿐일 것이다. 예루살렘처럼 도시 곳곳에 전 세계 사람들이 잘 아는 이야기가 스며들어 있는 장소는 찾기 힘들다. 그리고 방문자는 이곳에서 잊을 수 없는 강렬한 체험을 하게 된다.

신성한 도시가 주는 이 경험은 가끔 환각 형태로 나타나

> 십자가의 길 제1처는 예수가 십자가형 선고를 받은 장소로 여기에는 작은 성당이 들어서 있다. 예수 채찍 성당이라고 불린다.

∧ 십자가의 길의 시작을 알리는 팻말. 비아 돌로로사에는 예수의 고난을 단계별로 14 개처로 나누어 각 사건을 알리는 작은 팻말들이 붙어 있다. 십자가의 길 각처마다 단체로 참배하면서 성가를 부르는 세계 각국의 순례객을 볼 수 있다. ∨ 십자가의 길 제5처. > 십자가의 길 제9처.

COREEN

하늘에 계신 우리
아버지, 아버지의 이름이
거룩히 빛나시며, 그
나라가 임하시며, 아버지
의 뜻이 하늘에서와 같
이 땅에서도 이루어 지
소서. 오늘 우리에게
일용할 양식을 주시고,
우리에게 잘못한 이를
우리가 용서하듯이 우리
죄를 용서하시고 우리
를 유혹에 빠지지 말게
하시고 악에서 구하소
서.

아멘.

부산교구

는데, 이 착시 현상은 자신이 성서의 등장인물이라고 생각하거나 세상의 종말이 임박했다고 느끼는 양상을 띤다. 자신이 구약성서의 등장인물인 삼손이라고 생각한 이도 있고, 심지어 메시아라고 주장한 이도 있다. 1930년대 이스라엘 정신의학자인 하인츠 헤르만Heinz Herman은 이를 '예루살렘 증후군'이라 이름 붙였다. 방문자 중 매년 50명 내지 200명 정도가 이 증상을 보인다. 대개 정신 질환 병력이 있는 경우가 많지만, 그중 4분의 1 정도는 평소 멀쩡하던 사람도 예루살렘에서 비슷한 증세를 보인다. 후자의 경우 1주일 정도 지나면 정상으로 돌아오는데, 대개 정신이 든 후 대단히 민망해하면서 그 사실을 극구 부인한다고 한다. 십자군에 참여했던 이들 중에도 비슷한 체험을 한 사람이 많지 않았을까?

예루살렘성 주변에는 십자군의 자취가 유적이나 전승되는 이야기 형태로 많이 남아 있다. 십자군 기사들은 일찍이 헬레나나 다른 순례자가 거쳐 간 곳을 방문해 허물어진 유적을 복원하면서 흔적을 남겼다. 예수가 병자를 낫게 하는 기적을 베푼 베데스다 연못, 예수가 제자들과 최후의 만찬을 했던 방(체나콜로), 예수가 빌라도 총독에게 십자가형을 선고받은 곳부터 골고다 언덕에서 못 박히는 곳까지의 경로를 14가지 사건으로 구분한 비아 돌로로사, 성모 마리아의 어머니인 안나의 집(성 안나 성당) 등지에 십자군은 크고 작은 교회를 지었다. 특히 예루살렘성 동쪽에 있는 올리브산은 예수 생애와

< 예수가 올리브산에 올라 하느님께 기도를 올린 장소에는 작은 성당이 있고, 각국 언어로 된 주기도문을 새겨서 구운 도자기판이 붙어 있다.

관련된 이야기가 무수하게 남아 있고 유적도 많다. 예수가 로마군에게 체포된 겟세마네 동산(만국 성당), 제자들에게 주기도문을 가르친 주기도 성당, 예수가 승천했다고 알려진 장소(예수 승천 경당)에도 십자군은 교회를 지었다.

이 중 일부는 남아 십자군 시절의 모습을 상상할 수 있게 해 준다. 십자군이 세운 가장 뛰어난 건축으로는 성 안나 성당이 꼽힌다. 당시 유럽에서 유행하던 로마네스크 양식의 건물로 아름다운 고딕식 지붕을 갖추었다. 한눈에 봐도 유럽

∧ 만국 성당이 자리한 겟세마네 동산에는 오래된 올리브나무 고목이 있다. 이 중에는 예수 사역 시절부터 있던 것으로 추정되는 나무도 남아 있다.
< 예수가 로마 군인들에게 체포되어 끌려간 장소에는 만국 성당이 있다. 이 가톨릭 성당에서는 미사를 올리는 한국 순례객들을 종종 볼 수 있다.

소도시에 흔히 있는 중세 초기의 전형적 성당이다. 중세 유럽의 사고와 감각에 물든 십자군 기사들이 자신에게 가장 친숙한 건물을 성지에 남긴 셈이다. 사실 이것 말고는 예루살렘에서 십자군이 남긴 건축으로 온전하게 보존된 게 별로 없다.

예루살렘성에서 또 다른 중요한 성지로는 최후의 만찬 장소가 있다. 로마 시절에는 성벽 안에 있었으나 이후 성벽을 개축하면서 지금은 성벽 남쪽 시온 문 바깥에 있다. 체나콜로라고 불리는 이 건물은 십자군이 12세기 당시의 시점에서 최후의 만찬 장면을 상상하며 지은 건축물이다. 그래서 예수 사역 당시의 모습보다는 중세 기사들에게 익숙한 모습을 재현했다. 고딕식 볼트가 가로지르는 천장 모습이나 위가 뾰족한 고딕식 창문 모양 등 건물의 전체적 구조나 분위기는 영락없이 중세 성이나 수도원 문을 들어선 것 같은 착각을 불러일으킨다. 그나마 십자군이 남긴 이 희귀한 건물은 이후 이슬람 시대를 거치면서 모스크로 바뀌어 원형이 크게 훼손되었다. 하지만 벽이나 기둥에는 당시의 장식이 일부 남아 있다. 십자군 시절의 문장이 희미하게 남아 있고, 기둥에 새긴 펠리컨 장식도 그렇다. 중세인은 펠리컨이 먹이가 떨어지면 제 목의 살을 쪼아서 새끼에게 먹인다고 믿었다. 이보다 기독교적인 이념을 잘 표현한 상징이 있겠는가?

성벽 바깥 동편의 올리브산은 예수가 산상 기도를 올린 장소이자 로마 군인들에게 체포되고 죽은 후 부활해 승천한

> 성 안나 성당은 고딕식 지붕에 로마네스크 양식으로 지은 중세풍 교회 건물이다. 성모 마리아의 어머니 성 안나를 기리기 위해 십자군 기사들이 지었다.

장소로 알려져 있어, 여기에도 끊임없이 순례자가 방문하고 여러 차례 교회도 건축되었다. 유대인들은 최후의 심판 날에 메시아가 오시는 곳이라 믿기 때문에 올리브산에 묻히고 싶어 한다. 정상으로 오르다 보면 산등성이는 약 15만 기의 비석으로 뒤덮여 그야말로 무덤의 바다를 이루고 있다. 이곳은 지금도 사용되는 묘지 중에서는 전 세계에서 가장 오래됐다.

이 작은 산은 성스러우면서도 을씨년스러운 곳이다. 늦은 오후에 올리브산에 오르니 멀리 키드론 골짜기 너머 산비탈의 예루살렘성에는 달동네처럼 닥지닥지 붙은 작은 가옥들

∧ 체나콜로는 예수가 12제자와 최후의 만찬을 벌인 장소다. 십자군 기사들이 자신에게 가장 익숙한 건축 양식으로 지어 이런 중세풍의 모양이 되었다.
> 올리브산에서 서쪽을 향해 서면 키드론 골짜기 너머로 예루살렘성의 황금빛 돔이 보인다. 올리브산 비탈을 따라 유대인 묘지가 늘어서 있다.

∧ 예수 승천 기념 경당. 예수가 승천한 곳에 십자군 기사들이 작은 탑 모양의 건물을 지었는데, 이후 무슬림들이 모스크로 개조했다.

사이로 황금 돔이 빛나고 있었다. 하지만 나무조차 보기 드문 황량한 산비탈 아래로는 허물어진 묘비석이 끝없이 이어지고, 사막 먼지로 잔뜩 찌푸린 하늘에 늦은 오후의 햇살이 비치는 장면은 기괴하기 짝이 없었다.

올리브산 정상에는 예수 승천을 기념하는 교회가 몇 군데 서 있다. 그중 하나가 예수 승천 기념 경당인데, 현재 무슬림이 관리하고 있어 실제로는 모스크로 불린다. 예수는 이슬람에서도 예언자로 여기는 인물이라서 그렇다. 387년 포메니아라는 귀족 부인이 이 자리에 처음으로 성당을 지었으나, 이후에 페르시아군과 이슬람 술탄이 파괴해 버렸다. 지금은 작은 탑 모양의 건축물이 남아 있는데, 1152년 기존의 폐허 위에 십자군이 다시 지은 것이다. 무슬림이 이를 모스크로 개조하면서 원래 모습을 많이 잃었지만, 건물 윗부분의 팔각형 모양은 십자군 시절의 흔적이다. 건물 안에는 발자국 모양이 새겨진 바위가 있는데, 예수의 흔적이라고 한다.

누구의 성지인가

이처럼 부분적으로나마 십자군 시절의 발자취가 남은 건축물도 있지만, 대다수는 그다지 운이 좋지 못했다. 십자군들이 이전의 교회 터에 지은 건물은 이후 대부분 파괴되어 사라졌고, 현재 남은 것은 대개 훨씬 후대의 건물이다. 이교도의 파괴나 지진에 의한 피해가 아니더라도 유럽에서 머나먼 팔레스타인 땅까지 군대를 이끌고 온 이들이 천년의 세월을 버텨 낼 거대한 건축이나 기념비적인 작품을 남기기도 어려웠을 것이다.

다윗이 수도로 삼은 지 3000년, 예수 이후 2000년에 달하는 기간 중 이 땅에서 기독교가 대세였던 시절은 고작 400년 정도에 불과했고, 이슬람이 지배하는 세상에서 1200년을 지낸 곳이니 그럴 만도 하다. 예루살렘의 기억은 대개 폐허 속의 소박한 유적에 깃든 구구절절한 이야기 형태로만 남아 있다. 예루살렘을 처음 방문하는 사람이라도 이 도시 구석구석에 겹겹이 쌓인 이야기의 매력을 뿌리치긴 어렵다.

예루살렘은 예루살렘 왕국의 수도이자 주요 기사단의 탄생지이기도 해서 십자군 원정의 역사에서도 핵심적인 곳이다. 이 땅은 모든 기독교 교회의 성지이지만, 동시에 유대인의 성지이며, 무슬림 역시 예언자 무함마드가 승천해 '밤하늘 여행'을 시작한 곳이라고 믿으면서 메카와 메디나 다음으로 신성시하는 장소다. 순례자의 종교와 민족에 따라 전혀 다른 경험담이 구성될 수도 있는 장소가 예루살렘이다.

예루살렘은 기독교의 성지라고만 생각하고 왔지만, 상상하던 것과 다른 모습도 많이 목격했다. 십자군 시절의 '프랑크인'도 비슷한 기대를 갖고 이 땅에 와서 충격적인 모습을 많이 경험했을 것이다. 구도심 한복판 기독교인 지구는 십자

∧ 성벽 안 무슬림 구역의 골목에는 좁은 자갈 포장도로 양쪽으로 아랍인들의 작은 상가가 빽빽하게 들어서 있다.

∧ 유대인 지구. 예루살렘성 안은 기독교인, 무슬림, 유대인, 아르메니아인 등 민족별로
구역이 나누어져 있다.

군 시절이나 지금이나 변함없이 기독교인 순례자가 줄을 잇고 있지만, 성내 동쪽 무슬림 구역의 언덕 위 유대교 대성전이 있던 자리에는 이슬람 성지인 바위 모스크와 알아크샤 모스크가 자리 잡고 있다. 성내 거주지도 기독교인 구역, 유대인 구역, 아르메니아 구역, 무슬림 구역 등의 이름으로 구분되어 있다. 서쪽 성벽의 야파 문으로 들어와 골목길로 갓 접어들었을 때 만난 거리 풍경은 전형적인 아랍 도시의 모습이었다. 이처럼 다양한 종교적, 민족적 구성은 십자군이 성안에 발을 처음 디뎠을 때나 지금이나 거의 변함이 없다.

예루살렘은 종교뿐 아니라 사람들의 얼굴이나 옷차림, 음식까지 정말 다양한 곳이었다. 예루살렘성 남동쪽 유대인 지구에 들어서면 현대 이스라엘 독립 후 세운 전쟁기념관이 있고 검은 옷에 '키파'라는 모자를 쓴 전통 유대인 복장의 행인도 눈에 띄게 늘어난다. 이스라엘 음식이라고 써 붙여 놓은 식당으로 들어가 메뉴판을 보니 후무스가 상단에 올라가 있었다. 이전에 요르단에서 먹던 낯익은 아랍 메뉴였다.

유대인은 종교와 민족 정체성으로는 아르메니아인이나 아랍인과 구분되지만, 원래 동유럽과 러시아, 미국, 아프리카 등 전 세계에 오래 흩어져 살다 20세기에 들어 이주한 사람들이니 내부적으로 다양함이 당연할 수밖에 없었다. 아마 예루살렘, 아니 성지에 첫발을 디딘 십자군 기사나 병사 역시 상상하던 것과 너무나 다른 사람들과 문화와 맞닥뜨렸을 것이다. 중세 교회에서 얻은 편협한 지식과 세계관으로 도저히 이해할 수 없는 낯선 환경에서 아마 이들은 현대인들보다 훨씬 더 당혹스러웠을 것이다.

예루살렘의 이질적인 현재 모습을 가장 잘 보여 주는 장소는 성전산이다. 성전산은 예루살렘 성안 동쪽에 있는 작은 언덕이며, 지도에서 보면 축구장 두 개 넓이에 달하는 땅을 사각형 석축이 사방으로 에워싸고 있다. 로마가 점령하기 전에는 여기에 유대인의 가장 성스러운 공간인 솔로몬 대성전이 있었다. 여기서 아브라함은 하느님의 명령대로 아들 이사악을 제물로 바치려 했고 역대 유대 대제사장은 제를 올렸다. 유대교 성지이자 기독교인에게도 성스러운 장소였다.

그런데 로마가 BC 63년에 팔레스타인 땅을 점령한다. 로마는 이후 일어난 두 차례 반란을 진압한 후 성전을 철저하게 파괴하고 그 자리에 주피터 신전을 짓는다. 솔로몬왕과 헤로데왕이 건축한 대성전의 흔적은 완전히 사라졌고, 지금은 성전의 정확한 위치조차 모른다. 독실한 유대교인은 아직도 성전산에 발을 들여놓지 않는다고 한다. 자칫 과거 제사장만 드나들던 성스러운 곳을 밟을지도 모른다고 생각하기 때문이다.

성전 당시의 모습으로 유일하게 남아 있는 부분이 바로 서쪽 성벽, 더 정확하게는 성전산 언덕의 석축이다. 유대인 사이에서 흔히 '통곡의 벽'으로 불리는 곳이다. 이 벽 역시 파괴와 재건을 거듭했기에 엄격하게는 성전 당시의 모습 그대로는 아니다. 맨 아랫부분은 대성전 시절, 중간은 로마 시절에 쌓은 부분, 맨 위쪽은 오스만 시절에 쌓은 부분으로 각기 다른 모양과 양식으로 쌓은 흔적이 역력하다. 이 벽에서는 수많은 유대교 신자가 벽에 머리를 대고 기도하는 모습을 볼 수 있다. 바위 틈새에는 이들의 종교적 기원을 담은 쪽지가 무수하게 끼워져 있다. 유대인은 이렇게 하면 기도가 좀 더 간절하게 신에게 전달된다고 믿는다.

지금 성전산에는 이슬람 사원이 들어섰다. 예루살렘은 유대교와 기독교의 성지이지만 이슬람에서도 메카와 메디나 다음가는 성지다. 높은 성전 터 중앙에는 무슬림들이 신성시하는 바위 돔 사원이 황금빛 돔을 번쩍이면서 자리 잡고 있다. 성전산으로 올라가는 입구는 아홉 군데 있지만, 비무슬림은 통곡의 벽 남쪽 입구로만 들어갈 수 있다. 방문자용 입구에서 긴 줄을 서서 검색대를 통과하고 나무 육교를 거쳐 성전산 위에 올라서면 왼쪽으로 팔각형 구조에 금으로 씌운 돔 모양의 지붕이 눈에 들어온다. 무함마드가 승천했다고 무슬림이 믿는 바로 그 장소에 들어선 바위 사원이다. 세월의 흔적으로 칙칙한 분위기의 예루살렘에서 유일하게 번쩍거리는 이 지붕은 진짜 금으로 만들어졌다. 이 돔은 목재로 골조를 올린 후 납으로 돔 모양의 지붕을 덮고 그 위에 얇은 금으로 씌운 것이다. 1.3밀리미터 두께의 금을 돔 전체에 입혔는데, 그 무게가 80킬로그램에 달한다.

이 돔 사원은 엄격히 말해 모스크라기보다는 무함마드를 추모하는 공간이다. 7세기 우마이야 왕조의 칼리프 마르완의 명으로 짓기 시작해 691년에 주요 부분이 완성되었다. 여러 차례 개축과 재건축을 거쳤기에 어느 부분이 오리지널이냐고 묻는 것은 무의미하다. 그나마 이 사원은 관광객에게는 접근이 차단되어 있다. 비무슬림 방문자는 들어갈 수도 없고 고작 먼발치에서 오후의 햇살을 받아 화려하게 빛나는 돔 지붕만 바라볼 수 있다. 바위 사원 안에는 성스러운 바위가 있는데, 유대인들은 여기가 과거 대성전의 지성소나 제단 자리라고 믿는다. 1099년 1차 십자군은 예루살렘을 탈환한 후 이 사원을 '주님의 성전'이라는 교회로 바꾸었다. 성전산의 북동쪽 끝 모퉁이에는 수도원을 지었고, 성전 기사단은 여기에 숙박 시설도 지었다.

바위 사원 남쪽, 그러니까 줄을 서서 성전에 올라서면 바로 오른쪽에는 알아크샤라는 모스크가 자리하고 있다. 은색으로 빛나는 돔을 얹은 이 모스크는 예루살렘에서 가장 많은 무슬림이 모일 뿐 아니라 무슬림에게 매우 중요한 사원으로 여겨진다. 겉으로 보기에 크게 인상적이지 않지만, 건물 안에는 무려 5,000명이 모여 동시에 기도를 드릴 수 있다고 한다.

이 모스크 역시 굴곡을 여러 차례 겪었다. 1차 십자군이 성지를 점령한 후 프랑스 부용의 공작 고드프루아는 이곳을 사령부로 사용했고, 이후 예루살렘 왕국의 초대 국왕인 보두

< 성전산은 유대인의 성전이 들어서 있던 곳이지만 지금은 무슬림의 성지 바위 돔 사원이 있다.

알아크샤 모스크에는 모스크 건축 당시의
모습과 십자군의 흔적이 모두 남아 있다.

앵 1세는 왕궁으로 삼기도 했다. 성전산 지하에는 거대한 마구간을 두었다. 십자군은 이 자리에 솔로몬의 성전이 있었다고 믿었다. 1119년 예루살렘 국왕은 새로 발족한 성전 기사단에게 이 사원을 넘겨주었다. 이때 기사단이 건물을 개축하면서 아랍 장식을 그대로 두어 여기에는 모스크 건축 당시의 모습과 십자군의 흔적이 모두 남아 있다. 아쉽게도 이곳도 비무슬림은 출입할 수가 없다.

예루살렘은 여러모로 매우 독특한 느낌을 주는 곳이다. 처음 와본 곳인데, 이미 한번 다녀온 것 같은 기시감이 들었다. 길거리든 건물이든 이름과 거기에 얽힌 이야기든 낯설지가 않았다. 성서의 내용에 대해 너무나 많이 들어본 탓인지도 모르겠다. 성안의 좁고 오래된 골목길은 어렸을 적 동네 분위기를 생각나게 했다. 묘하게도 성내를 다니면서 가장 많이 만난 외국인이 한국인 성지순례단이었다. 예루살렘을 처음 방문하는 한국인 순례자 중에는 세세한 지명과 얽힌 이야기를 훤히 꿰고 있는 사람도 많았다.

많은 유럽인도, 비유럽 기독교인도 이 낯설고 이국적인 땅을 마치 마음의 고향처럼 느낀다. 나 역시 무의식적으로 유럽인이 갖고 있던 기독교의 눈을 통해 이 땅을 보게 된 것은 아닐까 하는 생각이 들었다. 여행을 다니면서 스스로 인정하는 것보다 나 자신이 훨씬 더 '서구화'되었구나 하고 느낄 때가 있는데, 예루살렘에서 이국적인 풍광을 처음 접하면서도 친숙하게 느꼈을 때가 딱 그랬다.

예수 탄생지 베들레헴

십자군이 원정으로 탈환한 곳 중 기독교 성지로서 상징성이
큰 지역은 예루살렘 외에도 많았다. 이중 가장 중요한 성지
가 예수 탄생지인 베들레헴이다. 중세 유럽인에게도 베들레
헴은 기독교의 성지 중에서도 성지로 알려졌다. 1차 십자군
원정으로 예루살렘을 탈환한 후에 귀족과 기사들은 베들레
헴에서 첫 크리스마스를 보냈다. 기독교인인 프랑크인은 성
지 중에서도 예루살렘과 더불어 베들레헴을 가장 뜻깊은
장소로 여겼다. 더구나 베들레헴은 예루살렘에서 당일치기
로 다녀올 만한 가까운 거리에 있다. 예루살렘에서 버스로
가면 30분 정도밖에 걸리지 않는다. 기독교인에게는 성지
중에서도 성지이지만 베들레헴은 팔레스타인 국가의 영토
이면서도 이스라엘이 실효 지배하고 있다. 여기서는 상상 속
의 성지와 현실의 베들레헴 간의 격차를 절감할 수 있다.

예루살렘 성벽 북쪽 다마스쿠스 문 부근에서 베들레헴
으로 가는 버스를 탔다. 버스는 성곽 서쪽을 빙 둘러 남쪽으
로 가는데, 도중에 간간이 높은 콘크리트 장벽이 보였다. 이
스라엘 정부는 팔레스타인 지역을 점령한 후 유대인을 대거
이주시켰는데, 이 콘크리트 벽은 바로 유대인 정착지와 팔레

스타인인 거주지를 격리하기 위해 쌓은 장벽이다.

예수 탄생 당시 베들레헴은 마리아와 요셉이 먼 길을 가던 중 하룻밤을 묵은 작은 마을이었다. 그런데 313년 로마 황제 콘스탄티누스는 기독교를 국교로 선포하고 여기에 대규모 성당을 짓는다. 베들레헴은 곧 수도원과 교회가 넘쳐나고 순례자가 끊이지 않는 명소로 떠오른다. 638년 무슬림 세력이 베들레헴을 장악하지만, 비잔틴과 무슬림 사이에 협정이 맺어져 교회의 재산권과 종교적 자유는 보장되었다. 이 협정은 간혹 중단되기도 했지만 거의 1000년 동안 이어졌다. 그 덕분에 베들레헴의 교회와 성지는 비교적 온전한 모습으로 남아 있다.

베들레헴 버스 정류장에 내린 후 지도를 보면서 구시가지 쪽으로 걷기 시작했다. 느긋한 걸음으로 시가지와 비탈길을 지나자 세월의 자취가 역력한 골목길이 나오기 시작했다. 관광객인 듯한 사람들이 간간이 보였다. 좁다란 골목이 끝나자 널찍한 구유 광장Manger Square이 눈앞에 나타났다. 한쪽에서는 아랍인 노점상이 수레에서 빵과 먹거리를 팔고 있고 건너편에는 기관총으로 무장한 이스라엘 경찰이 어슬렁거리고 있었다. 광장은 주차된 차량이 많아 좀 어수선했다. 크리스마스가 지난 지 얼마 되지 않은 무렵이라 광장에는 대형 트리가 장식을 얹은 채 자리를 지키고 있었다.

광장에 서서 정면을 바라보니 무슨 거대한 콘크리트 덩어리 비슷한 흉측한 건물이 눈이 들어온다. 가까이 가서 보니

< 베들레헴에서 구유 광장 가는 골목길이다.

∧ 베들레헴 구유 광장에는 소총을 멘 경찰과 노점상이 묘한 대비를 이루며 공존하고 있고 한쪽에는 대형 크리스마스트리가 서 있다.

예수 탄생 성당이었는데, 일반 성당과 달리 건물 전면인 파사드가 기괴하기 짝이 없다. 유럽 성당의 특징인 화려한 장식은 전혀 없는 투박한 외관을 하고 있었다. 구조 역시 체계적으로 설계해서 지은 건물이라기보다는 여기저기 땜질식으로 이어 붙여 지은 듯해 유럽 성당 건물의 특징인 대칭이나 균형과는 거리가 멀었다. 종파를 불문하고 전 세계 기독교의 출발인 이 중요한 교회가 이런 모습이라니 상상도 하지 못했다. 그런데 이 초라한 건물이 가장 교회다운 모습이라는 생각도 들었다.

∧ 베들레헴에서 예수 탄생 성당으로 가기 위해서는 예스러운 석조 건물이 들어선 골목길을 지나가야 한다.

예수 탄생 성당은 바로 예수가 탄생한 말구유 자리에 지은 것으로, 현재까지 계속 유지된 교회로는 세계에서 가장 오래되었다고 한다. 건물 정면에 해당하는 파사드는 투박한 벽면으로 되어 있을 뿐 아무런 장식도 없고 정면에는 개구멍 같은 작은 입구만 나와 있었다. 어른은 허리를 숙여야 겨우 들어갈 만한 높이의 통로였다. 그래서 이 문을 겸손의 문이라 부른다는데 그 사유가 흥미롭다. 원래 문은 이보다는 훨씬 컸는데, 무슬림 군인들이 말을 타고 드나들지 못하도록 십자군들이

문을 작게 줄였다고 한다. 기독교에 적대적이었던 맘루크 왕조 시절인지, 이보다는 덜 적대적이던 오스만 시절인지는 모르나, 이후에도 문의 크기를 더 줄여 현재 높이가 되었다.

이렇게 해서 탄생한 초미니 성당 입구는 거대한 성당 건물과 묘한 대비를 이룬다. 겸손의 문이라는 표현은 아마 호사가들이 사후에 지어낸 이야기일 테지만, 꽤 그럴듯하다. 유명한 대형 성당의 정문 치고는 전례 없는 모습인지라 사람들은 그 앞에서 줄지어 인증 사진을 열심히 찍어 댔다.

마치 동굴 같은 성당 입구를 들어서면 건축 초기인 4세기를 비롯해 12세기 이후 십자군 시절의 흔적도 여기저기 남아 있다. 성당 중앙 바닥에는 4세기에 로마의 콘스탄티누스 황제가 처음 성당을 건립했을 당시의 모자이크를 울타리 너머로 볼 수 있다. 중앙 회랑 양쪽을 장식하는 거대하고 화려한 돌기둥들은 6세기에 유스티아누스 황제가 성당을 재건축했을 당시의 흔적이다.

성당 중앙 홀(네이브nave) 정면 제단 옆에는 지하로 내려가는 통로가 있다. 아기 예수가 태어난 마구간으로 내려가는 입구다. 여기는 순례자나 단체 관광객으로 늘 붐빈다. 시간을 잘못 잡으면 꽉 들어찬 인파의 뒤통수만 보고 나오기 십상이다. 마침 시간대를 잘 맞춘 덕분에 사람들이 많지 않아 한가하게 둘러보면서 사진도 찍는 여유를 부릴 수가 있었다.

지하는 작고 초라한 동굴이지만 순례자들의 경건한 자세

< 예수 탄생 성당은 전면에 장식이 전혀 없는 투박하고 소박한 건물이다. 성당 입구는 허리를 숙여야 들어갈 수 있을 정도로 작아 '겸손의 문'으로 불린다.

∧ 예수 탄생 성당 지하에 들어서면 예수가 탄생한 지점에 소박한 제단이 있고 그 아래에 14갈래로 된 별 모양의 표지판이 붙어 있다.

때문에 분위기는 자못 엄숙했다. 성지를 회복하고 순례에 나선 십자군과 귀족들이 감격에 겨워 눈물을 흘리는 모습이 떠올랐다. 사람들이 줄지어 참배 순서를 기다리는 작은 제단이 있는데, 촛불이 희미하게 켜진 이 초라한 곳이 바로 아기 예수가 누워 있던 말구유 자리다. 탄생지로 추정되는 지점에는 14갈래로 된 별 모양의 은제 표지판이 붙어 있다.

그 정면에는 아기 예수 탄생을 축하하러 온 동방박사들을 기리는 제단이 있다. 614년 페르시아인들이 팔레스타인 전역을 휩쓸고 다니며 모든 교회를 파괴했을 때도 이곳만은 무사했다. 이 동굴에서 자신들과 똑같은 옷차림의 동방박사 모습을 발견했기 때문에 차마 손을 대지 못한 것이다. 잠시 후 관리인이 오더니 방문객을 모두 내보냈다. 점심시간에는 문을 닫는 모양이다.

동굴을 나와서 성당 중앙 홀을 벗어나면 대성당 건물과 이어진 또 다른 수도원과 교회가 나온다. 대성당 오른편에는 아르메니아 수도원이 있고, 왼쪽으로 나가면 성 카타리나 성당과 프란체스코 회랑이 있다. 핑크색 건물인 성 카타리나 성당에서는 매년 크리스마스 전야에 미사가 집전되고 이 미사는 전 세계에 생방송으로 중계된다. 이 성당 옆에는 프란체스코 회랑이 붙어 있는데, 유럽의 전형적인 고딕 성당처럼 중앙에 작은 정원이 있고 사방을 회랑이 둘러싼 형태로 되어 있다. 뜰 중앙에는 4~5세기의 성직자이자 라틴어 성서 번역자인 성 히에로니무스의 동상이 서 있다. 이 중세풍 건물도 십자군 시절에 지은 것이다.

성당을 나와 점심 장소를 찾는데 오늘이 무슨 날인지는 모르나 영업 중인 데가 잘 보이지 않았다. 다시 성당 쪽으로 걸어가다 보니 수도원에 딸린 식당이 하나 눈에 띄었다. 자리를 잡은 후 대충 눈치껏 시켰는데, 이것저것 계속해서 접시가 나온다. 아마 점심 정찬인 모양이다. 이른 아침부터 서둘러 먼 길을 온 피로감과 포만감에 눈이 반쯤 풀어진 채 사방을 둘러보다 식당 이름이 카사노바Casa Nova(새로운 집을 뜻한다)라

는 것을 알고는 잠시 웃었다. 뜻은 물론 다르지만 엄격한 규율과 절제로 유명한 프란체스코 수도회의 부속 시설 이름이 카사노바라니.

식당을 나와 성당 외벽을 다시 한번 둘러보며 다음 행선지로 향했다. 베들레헴에는 예수 탄생 성당 외에도 여러 성지 유적이 있다. 성당 건물을 끼고 돌아 옆 골목으로 들어서니 상가가 늘어서 있는데 대부분 문을 닫았다. 오늘은 화요일인데 하면서 고개를 갸우뚱했다. 담벼락에 철조망을 친 집이 자주 보인다. 그나마 기념품 가게가 문을 열어 딱히 살 것도 없으면서 기웃거렸다. 교회와 유적을 벗어나면 그냥 팔레스타인인이 사는 평범한 중동 마을이었다.

예수 탄생 시절에는 작은 유대인 마을에 불과했지만 이후 2000년 동안 전쟁과 유대인 추방 등의 굴곡을 거치면서 베들레헴의 인구 구성도 많이 바뀌었다. 특히 1948년 이스라엘이 건국되자 원래 살던 땅에서 쫓겨난 팔레스타인인이 베들레헴에 대거 몰려들었다. 베들레헴 인근의 난민촌에는 삶의 터전을 잃고 밀려난 팔레스타인인이 아직도 많이 살고 있다. 십자군이 만난 베들레헴은 어떤 모습이었을까. 예수 탄생 성당을 제외하면 지금 여기서 2000년 전의 베들레헴을 떠올리기는 어려웠다.

다시 예루살렘으로 돌아오는 버스를 탔다. 도중에 말로만 듣던 이스라엘군 검문소에서 버스가 멈춰 섰다. 그런데 팔

< 예수 탄생 성당 옆에는 프란체스코 회랑이 붙어 있다. 마당 가운데 동상의 주인공은 라틴어 성서 번역자인 성 히에로니무스다.

레스타인 사람들이 주섬주섬 내려 초소 앞에 긴 줄을 서고 무장한 이스라엘 군인들이 이들을 한 사람씩 검문하고 있었다. 외국인인 우리는 그냥 버스에 남아 어색한 표정만 지었다. 숙소로 돌아오는 길에는 침묵이 흘렀다. 800년 전 십자군이라는 이름으로 벌어진 유럽과 아랍 간 전쟁 당시의 분위기를 축소판으로 보는 듯했다.

1099년 1차 십자군이 예루살렘에 진입한 날 성안에서는 무차별적인 이교도 학살이 진행되고 성은 공포의 현장으로 바뀌었다. 당시의 십자군은 가톨릭 이외의 모든 종교를 적이자 악으로 보았다. 이교도에 가장 강경한 성전 기사단은 성전산의 이슬람 성지인 알아크샤 모스크에서 아랍인을 내쫓고 주둔지 본부로 삼았다. 반면에 1229년 6차 십자군 원정군은 무슬림과 협상을 통해 무혈입성한 후 다양한 인종, 종교 집단을 포용하는 자비를 베풀었다. 이슬람에서도 기독교인을 대하는 태도는 왕조마다 권력자마다 편차가 있었다. 예루살렘과 주변 성지의 거주자는 민족이나 종교가 어느 쪽이든 정복자의 눈치를 보며 평화 시에도 늘 불안을 안고 살 수밖에 없었다. 다양한 종교와 민족이 어울려 살면서도 항상 언제 터질지 모르는 폭탄을 안고 평화와 공포 사이를 오가며 사는 듯한 느낌은 21세기인 지금도 변함이 없는 듯하다.

십자군의 해안 요새 카이사레아

예루살렘 일정을 마치고 하이파로 떠나는 날이다. 버스 터미널에는 다양한 외모와 옷차림의 사람으로 붐볐다. 키파라는 작은 머리 덮개와 검은 옷차림의 유대인과 총기를 둘러맨 이스라엘 군인도 여럿 보았다. 버스는 예루살렘 버스 터미널을 출발해 서쪽으로 향하다가 곧 지중해변을 왼쪽에 끼고 북으로 달렸다.

그 후 하이파에서 시작해 며칠 동안 카이사레아, 나사렛, 가나, 티베리우스, 갈릴리 호숫가 등 다양한 곳을 방문했다.

∨ 카이사레아에는 십자군 시절에 건설한 성채 유적이 남아 있다. 성벽은 허물어지고 없지만 깊은 해자까지 갖춘 중세 유럽식 축성 흔적을 볼 수 있다.

하이파에서부터는 차를 운전하며 다닌 탓이기도 했겠지만, 다녀 보니 이스라엘은 생각보다도 훨씬 더 작은 땅이었다. 지금은 한없이 평화로워 보이지만 이 작은 땅에 수많은 피가 흘렀다. 지나온 구석구석마다 수많은 피의 역사와 기억이 얽히고 겹겹이 쌓여 있다는 생각에 소름이 끼쳤다.

십자군 원정은 성지 회복을 명분으로 내건 종교 운동이면서 유럽 각지에서 군대를 동원하는 대규모 군사 작전이기도 했다. 군대 운용 측면에서 십자군은 아랍 군대에 비해 상대적으로 숫자도 적고 당시로서는 엄청난 장거리 원정으로 물자 조달도 쉽지 않았다. 적은 자원으로 효과를 최대한 높일 수 있는 방어 시설 구축이 효과적인 전략이었다. 지금까지 남아 있는 십자군 유적의 상당 부분은 이 군사적 목적을 위해 쌓은 성채다. 특히 보급망을 쉽게 확보하기 위해 남북으로 길게 뻗은 해안가를 따라 수많은 성채가 들어서 있었다. 예루살렘과 베들레헴이 종교적 명분을 위한 성지로서 중요했다면, 카이사레아와 아코는 십자군의 군사적, 경제적 요충지였다.

하이파에서 나사렛과 갈릴리 호수로 가기 전에 차를 몰고 우선 남쪽으로 향했다. 가이드북과 십자군 관련 서적에서 본 카이사레아를 방문하기 위해서였다. 십자군은 이 땅에 주둔하면서 수많은 요새를 쌓았는데, 카이사레아도 그중 하나다. 하얗게 부서지는 지중해의 파도를 배경으로 멀리 모래밭 사

로마 시절의 도시답게 바닷가에는 당시의 원형 경기장 터가 있다.
멀리 사람들이 모여 있는 폐허가 바로 총독 관저가 있던 자리다.

∧ 로마 시절의 총독 관저는 허물어져 빈 터만 있고,
폐허에는 바닷물이 들이치고 있다.

이에 폐허가 서 있었다. 로마가 팔레스타인과 시리아 땅을 지배하던 시절 카이사레아는 헤로데(헤롯)의 왕궁이 있던 수도이자 로마 총독 폰티우스 필라투스(본티오 빌라도)가 거주하던 권력의 중심지였다. 이제는 2킬로미터 정도 떨어진 곳에 있는 신도시까지 포함해 봐야 기껏 인구 5,000명 남짓한 한적한 갯마을이다.

바닷바람에 모래로 뒤덮인 유적을 발굴하기 시작한 것은 2차 세계 대전 이후이니 카이사레아라는 이름이 다시 사람들의 기억 속에 등장한 것도 그리 오래되지 않았다. 아직도 여기저기 발굴 복원 작업이 진행 중이었다. 로마 도시에 일반적인 원형 경기장, 극장, 목욕탕 등의 흔적을 둘러보았다. 이미 로마의 도시 유적을 여러 군데 다녀본지라 딱히 인상적인 수준은 아니었다. 하지만 카이사레아에 담긴 이야기들은 흥미로웠다. 성서에서 전해 듣던 폰티우스 필라투스의 이름이 새겨진 바위가 여기서 발견되었다. 바닷가의 헤로데 궁전 터에서는 체포 수감된 사도 바오로가 로마 시민의 자격으로 변론을 펴던 장면을 상상해 보기도 했다.

유적에서 조금 떨어진 해변에서는 모래사장을 따라 17킬로미터 길이로 늘어선 로마 시대의 수도교를 볼 수 있다. 발이 푹푹 빠지는 모래사장 때문에 힘들어 잠시 걸음을 멈췄을 때도 저 앞에는 세월의 흔적이 역력한 수도교가 푸른 하늘과 바다를 배경으로 끝없이 이어져 있었다.

∧ 카이사레아에는 로마, 중세 십자군 시대의 유적뿐 아니라 이슬람 시대의 모스크도 남아 있다.

　카이사레아는 십자군 시절 지중해변을 따라 늘어선 성채 도시 중 하나였고, 그 흔적은 선명하게 남아 있었다. 유적지 입구에서는 깊은 해자까지 갖춘 유럽식 성채의 위압적인 모습을 볼 수 있다. 성 정면에서 보면 폭은 900미터 정도로 카이사레아 유적보다 작지만 당시의 성벽 높이는 13미터에 달했다고 한다. 해안으로 나가면 지금은 허물어졌지만, 부두 시설의 흔적도 남아 있다.

　한때 카이사레아는 군인과 상인으로 붐비던 해안 요충지였지만 지금은 십자군의 좌절된 꿈뿐 아니라 로마의 화려한

∧ 바다 쪽으로 비죽 튀어나와 있는 시설은 십자군 시절 부두가 있던 흔적이다.
> 카이사레아 요새 입구의 다리. 십자군 시절에 쌓은 요새로 들어가려면 이 다리로 깊은 해자를 건너야 한다.

자취와 오스만 시대의 모스크까지 혼재하는 다채로운 모습으로 방문자를 맞는다. 처음 방문하는 이국적 도시에서 예상에 어긋나는 모습은 오히려 선명하게 기억에 남는다. 사실 여행을 떠나기 전만 해도 카이사레아에는 수도교만 있는 줄 알았는데, 이곳에서 십자군 요새를 만나다니 감회가 새로웠다.

십자군 최후의 거점 아코

'십자군 순례'의 마지막 코스는 아코였다. 흔히 아크레라고 불리기도 하는데, 히브리어로는 아코라고 한다. 아코 구시가지는 작은 만을 가운데 두고 하이파와 마주 보는 북쪽 바닷가 지척에 있다. 하이파 시내에서 기차에 몸을 실으면 서너 정거장 후 바로 도착한다. 자그마한 아코 역에서 내려 표지판을 따라 걷다 보면 갑자기 큰 성채가 눈앞에 나타난다. 1291년 십자군 최후의 본거지이자 레반트 지역의 마지막 교두보로서 치열한 전쟁터였던 바로 그 아코다.

십자군이 세운 예루살렘 왕국은 성지에서 영토를 하나둘씩 무슬림에게 빼앗기고 난 후 이 마지막 성채를 지키기 위해 필사적으로 싸웠다. 전투가 시작되고 두 달 후 성은 함락되었다. 난공불락으로 불리던 요새를 무너뜨리는 데는 역설적으로 유럽인의 공이 컸다. 십자군에 참여한 유럽 각국 세력은 한편으로는 아랍 왕조와 전투를 벌이면서도, 이해관계에 따

> 성채 도시 아코를 바다 쪽에서 바라본 풍경이다.

라 서로 분열하고 일부는 무슬림 세력과도 무역을 계속했다.

특히 베네치아 등 이탈리아 도시 국가들은 십자군의 보급품 조달을 책임지면서도 이집트에 근거지를 두고 유럽의 물자를 무슬림 세력에게도 공급했다. 당시 아랍인 사이에 인기 있던 품목에는 철갑옷을 비롯한 기본적 군수용품 외에도 투석기 등 첨단 공성 기구까지 있었다. 아랍인은 원래 축성이나 성채 공략 기술에 어두웠지만, 유럽인이 제공한 이 최신 기술로 결국 아코성을 무너뜨렸다. 십자군은 유럽 기독교인의 종교적 성전이자, 귀족의 영토 확장과 정치적 야심, 장사꾼의 상업적 이익이 뒤섞인 원정임을 엿볼 수 있다.

맘루크 왕조의 술탄 알아시라프 칼릴은 아코를 점령한 후 기독교인 포로를 모두 참수하고 벽돌 한 장조차 남지 않을 정도로 성 전체를 철저하게 파괴했다. 그러나 400년이 지난 후 오스만 제국은 이 성벽을 재건했는데, 현재 볼 수 있는 아코성은 바로 그때 모습이다. 재건 당시 파괴된 성터에 남아 있던 잔해를 많이 재활용했기 때문에, 현재 성채만으로도 전성기 아코성의 모습을 상상해 보는 데는 충분하다.

아코성은 남서쪽 바다를 향해 불쑥 튀어나온 작은 반도에 자리 잡고 있다. 육지에는 이중으로 성벽이 솟아 있고 바다 쪽으로도 성벽이 시가지를 에워싸고 있다. 예루살렘을 잃은 후 한동안 십자군 운동의 사실상 마지막 교두보이자 예루살렘 왕국의 수도였으며, 성전, 튜턴, 성 요한 구호 기사단의

∧ 십자군 당시의 전쟁을 묘사한 벽화. 기사의 홀 입구에서 지하로 내려가는 길목의 벽에는 십자군 당시의 전쟁 모습을 그린 벽화가 붙어 있다.

본부들도 모두 이곳에 있었다.

외부에서 성벽을 막 들어서면 오른쪽에 높은 요새 같은 건물이 보인다. 지금은 기사의 홀Knight's Hall이라 불리면서 관광객의 호기심을 자아내는 주요 관광지 구실을 하는 아코 요새다. 이 요새는 800년 전 성 요한 구호 기사단이 건축했고, 로도스로 옮겨 가기 전까지 기사단 본부 역할을 했다. 원래 4층이었다고 하니 당시에는 규모가 현재보다 훨씬 더 크고 웅장했을 것이라고 상상해 볼 따름이다. 요새 안으로 들어가

면 기사단이 구축한 지하 도시로 이어진다. 기사의 홀에서 지상층에는 중세풍의 '기사 식당'이 있다. 고딕식 석조 볼트를 천장으로 얹고 기사단 깃발이 걸려 있는 이 커다란 홀에 모여 기사들은 엄숙한 분위기에서 식사를 했다. 지금이라도 갑옷 차림의 기사들이 금방 튀어나올 것 같은 착각이 들었다.

기사의 홀을 나오면 미나렛이 달린 모스크와 작은 상점들이 늘어선 골목 등 전형적인 아랍인 거리를 통과하게 된다. 아랍인의 일상의 냄새를 물씬 풍기는 시장통인데, 십자군 주

< 기사의 홀은 성 요한 구호 기사단의 본부용으로 쌓은 건물이다. 홀 내부는 중세의 유적을 전시하는 박물관으로 바뀌었다.
∧ 기사의 홀 1층에는 십자군 점령 당시 기사들이 모여 단체 식사를 하던 방이 보존되어 있다.

둔 당시에도 지금과 별 차이는 없었을 것이다. 당시 아코는 기독교인 십자군뿐 아니라 온갖 민족이 뒤섞여 살던 다국적 도시였다.

　최근 고고학 발굴 작업이 진행되면서 기사단 시절에 건설한 지하 도시가 조금씩 모습을 드러냈다. 1994년에는 바닷가에서 성전 기사단 요새와 성안을 잇는 비밀 통로로 추정되는 지하 터널이 발굴되었다. 지금은 당시의 긴 터널 중 300미터 정도가 남아 있어 방문자의 호기심을 자아낸다. 성전 기사단을 둘러싼 전설 중 하나는 아코가 함락되던 날 일부 기사들

∧ 기사의 홀을 나서면 시장 등 전형적인 아랍인들의 생활상이 펼쳐진다.
〉성내 바닷가 부근과 성안을 잇는 300미터 정도의 지하 통로가 최근 발견되었는데, 십자군 지배 당시 성전 기사단이 건설한 것으로 알려져 있다.

253

∧ 성전 기사단의 본부 건물은 성 함락 후 파괴되어 지금은 바닷물에 잠겨 있다.

이 이 터널을 통해 기사단의 보물을 반출했다고 전해 준다. 이 어둡고 나지막한 터널을 지나 남쪽 해안가로 나왔다.

남서쪽 끝 바다와 접한 구역에는 당시 가장 용맹했던 성전 기사단의 본부가 있었다. 아코 함락 후 철저하게 파괴되었고 남은 자재는 이후 방파제 만드는 데 사용됐기 때문에 예전의 웅장한 모습은 이제 볼 수가 없다. 항구 쪽을 바라보면 지금은 무너져 물속에 가라앉았지만 바다를 가로막는 성벽의 흔적이 보인다. 성전 기사단의 파란만장한 최후만큼이나 허망한 폐허는 여행자의 상상력을 자극한다.

바닷가를 따라서 성을 한 바퀴 돌았다. 성채 도시가 대개 그렇듯이 여기서도 딱히 눈에 확 띌 정도로 인상적인 명소는 많지 않다. 그래도 세월의 흔적이 역력한 성벽이나 골목을 걸으면 현지인 삶의 체취와 지나간 시대의 느낌을 음미할 수 있다. 구역마다 골목마다 각 시대의 흔적을 발견하는 일도 작은 재미가 있었다. 여기저기 방향 없이 걷다 보면 주민들의 생생한 삶도 엿볼 수 있다. 낡고 오랜 건물에 걸린 빨래, 아이들의 소란스러운 소리, 부둣가 어부들의 거칠고 험한 목소리, 골목 언저리에 졸고 있는 고양이 등의 모습에서 깨끗하게 정비된 관광지 유적이라기보다는 평범하고 오래된 팔레스타인 갯가 마을의 느낌을 더 생생하게 받는다. 이 성곽 도시는 그 역사적 가치를 인정받아 구도심 전체가 2001년 유네스코 세계문화유산으로 등재되었다.

사실 십자군의 거점이던 시절에도 아코는 유럽에서 온 기독교인뿐 아니라 아르메니아인, 아랍인, 유대인이 뒤섞여 살던 다문화 도시였다. 아마 이교도를 타도하고 성지를 수복한다는 일념으로 유럽을 떠난 십자군 병사 중에서도 여기서 상당한 시간을 보낸 후 생각이 크게 바뀐 사람이 많지 않았을까? 전쟁은 기독교인과 아르메니아 정교도가 수행했지만, 결국 이들을 먹이고 입히고 온갖 궂은 일을 도맡아 한 사람은 아랍인이었다. 십자군 원정을 온 기사나 병사 중에서는 현지에서 자리 잡고 눌러산 사람도 적지 않았다. 이들은 정교도

인 아르메니아인이나 그리스인 여성, 심지어 개종한 아랍인 여성과 결혼해 자식을 낳고 살았다.

완고한 중세 서유럽의 기독교인이라 해도 일상에서 접하는 유대인과 아랍인, 아르메니아인을 선악의 틀로 판단할 수 있었을까. 오래전 십자군으로 이 땅에서 싸운 유럽인은 과연 꿈꾸던 성지를 발견했을까? 혹시 성지는 상상의 장소일 뿐 이곳의 현실에 실망하고, 좌절하면서 생각을 고쳐먹지는 않았을까? 중세인이 상상하고 실제 경험했던 성지는 얼마나 격

∧ 아코 성벽은 십자군 철수 후 대부분 복원되었지만, 일부는 폐허가 된 채 남아 있는 부분도 볼 수 있다.
< 바닷가를 따라 쌓은 아코 성벽은 지금은 주민의 생활 공간과 뒤섞여 있다.

∧ 아코성 안은 현지 아랍인들이 많이 거주하고 있어 군데군데 아랍풍 주택 건물을 볼 수 있다.

차가 있었을지 짐작만 해 볼 따름이다.

십자군 원정으로 오랜 전쟁과 풍파를 겪은 이 땅은 누구의 성지였을까? 예루살렘은 서유럽 기독교인이 기억하는 성지이자 아르메니아인이나 시리아인, 유대인의 성지이며 아랍인의 성지이기도 했다. 이들의 기억이 겹겹이 쌓여 이국적인 색채를 자아내는 거리에서 남다른 감회를 느꼈다. 그렇지만 우리가 아는 성지 이야기는 유럽인의 기억을 부각할 뿐, 아르메니아인이나 시리아인 등 다른 기독교인의 기억, 아랍인의

∧ 성안 주택가는 고양이 천국이다. 장을 봐서 귀가한 아주머니 주변으로 동네 고양이들이 대거 몰려들었다.

기억은 뚜렷하게 들려주지 않는다. 멀리 동아시아에서 온 나에게도 익숙한 이야기는 대개 유럽 기독교인의 시각에서 기억하고 전해 주는 역사 이야기였다. 하지만 수많은 기억의 장소에서 눈을 감고 마음을 비운 채 귀 기울여 보면 보이지 않는 작은 각주처럼 다른 이야기도 들을 수 있다. 내가 상상한 이 땅과 눈으로 본 현실은 달랐다. 미디어나 책을 통해 이질적 문화에 비교적 친숙하다고 생각한 지금도 그렇다.

　지중해의 겨울은 온화하지만 해가 떨어지면 그래도 쌀쌀

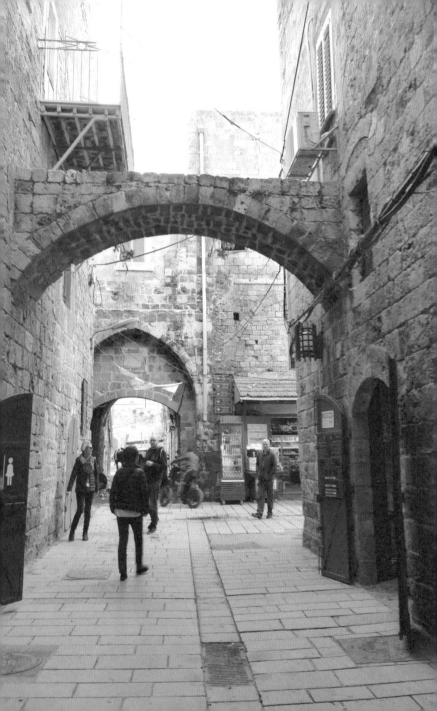

하다. 중동의 화약고 한복판이라고 해도 한가로운 옛 도시 골목을 느긋하게 걸으면서 이런저런 상념에 잠겼다. 오늘은 이렇게 평화롭지만 집으로 돌아간 바로 다음 날 중동의 암울한 소식을 다시 접할지도 모르는 일이다. 해는 떨어지고 지중해 쪽 하늘에는 어둠이 내리기 시작했다. 아코 구도심의 성문을 나서 다시 하이파의 숙소로 돌아가는 기차에 올랐다.

이제는 집으로 가는 길만 남았다. 이스라엘 여행에서 마

∧ 성안에는 주민들이 옛 건물과 폐허, 유적을 그대로 보존한 채 삶의 터전으로 활용하고 있는 것을 볼 수 있다.
< 성벽 안 골목길은 고풍스런 석조 건물과 주민의 주택, 가게가 뒤섞인 생활공간이다.

지막 숙소인 하이파에서 서둘러 나와 가까운 역에서 텔아비브 공항으로 가는 기차를 기다렸다. 이스라엘 군인들이 작은 배낭에 소총까지 둘러메고 오가는 모습이 종종 보였다. 그중에는 앳된 얼굴의 여성도 눈에 띄었다. 이스라엘에서는 남녀 모두 의무적으로 일정 기간을 군에서 복무해야 한다. 기다리던 기차가 도착했다. 오른쪽으로 지중해를 끼고 한 시간 반 정도만 달리면 공항이다.

집으로 오려면 텔아비브에서 홍콩까지 장시간의 항공편을 탄 후 다시 부산으로 오는 연결 편으로 갈아타야 했다. 거리에 비해 예상 운항 시간이 길다고 생각했는데 이륙 후 기내 모니터에 뜨는 운항 정보를 보니 항로가 특이했다. 비행기는 텔아비브 공항에서 이륙한 후 서쪽 지중해로 날아가다가 키프로스 부근에서 북으로 방향을 꺾었다. 그리고는 큰 U자를 엎어놓은 모양으로 중동 지역을 우회하면서 날아가고 있었다. 지도를 보면서 텔아비브에서 홍콩까지 직선 항로를 머릿속으로 그려 보았다. 시리아, 이라크, 이란, 아프가니스탄 등 하나같이 만만치 않은 지역이다. 집으로 가는 길이 그렇게 먼 이유를 이제야 깨달았다. 200년에 걸친 피비린내 나는 십자군 전쟁의 마지막 교두보 아코가 함락되고 유럽과 아랍이 다시 제자리로 돌아간 후 700년도 더 지났다. 그렇지만 이 땅에는 평화의 조짐이 아직도 요원한 모양이다.

여행을 다녀온 후 생각해 보니 서양의 중세와 십자군에 대해 갖고 있던 환상은 많이 깨졌다. 십자군 원정의 흔적 답사를 통해 확인한 것은, 이런저런 이유로 역사적 사건에 연루된 인간의 신념과 편견, 영웅적 행위와 욕망, 실패, 어리석음에 관한 이야기였다. 그래서 여행의 경험은 800년 전의 이야기가 아니라 오늘의 유럽과 중동과 겹쳐지면서 현재의 이야기처럼 다가왔다. 어떻게 보면 십자군에 얽힌 이야기는 오늘의 유럽이라는 영역에서 벌어지는 일과 판박이처럼 느껴질 때도 많았다. 긴 시간이 지난 지금도 사람들이 낯선 세상을 대하는 자세가 얼마나 바뀌었는지는 여전히 의문이다.

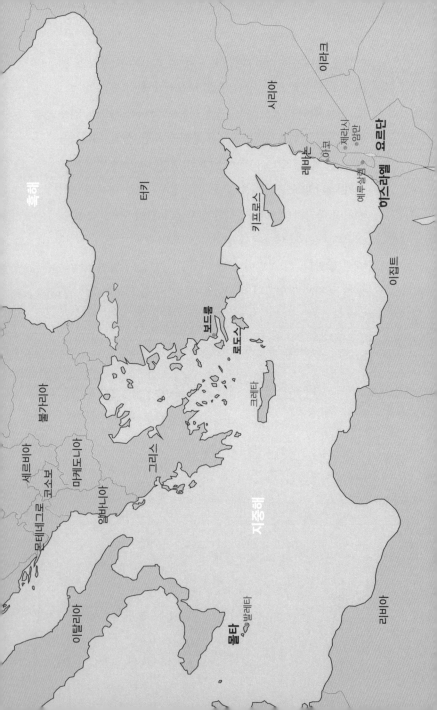